Jörg-Peter Schröder

Wege aus dem Burnout

Möglichkeiten der
nachhaltigen Veränderung

3. Auflage

Bibliografische Information der Deutschen Nationalbibliothek
Die Deutsche Nationalbibliothek verzeichnet diese Publikation in
der Deutschen Nationalbibliografie; detaillierte bibliografische
Daten sind im Internet über http://dnb.d-nb.de abrufbar.

Das Wort **Cornelsen** ist für die Cornelsen Verlag GmbH als Marke
geschützt.

© Cornelsen Scriptor 2011   D   C   B   A
Bibliographisches Institut GmbH
Dudenstraße 6, 68167 Mannheim

Redaktion Jürgen Hotz
Herstellung Monika Schoch
Umschlaggestaltung glas-ag, Seeheim-Jugenheim
Umschlagabbildung Fotolia / JuliSonne (Feuermelder)
Satz Fotosatz Moers, Viersen
Druck und Bindung Freiburger Graphische Betriebe,
Bebelstraße 11, 79108 Freiburg/Breisgau
Printed in Germany

ISBN 978-3-411-86394-5

Inhalt

1 Ursachen und (Hinter-)Gründe

> „Woran die Menschen leiden, sind nicht die Ereignisse, sondern ihre Beurteilungen der Ereignisse." (Epiktet, griechischer Philosoph)

Was ist Burnout?

Bei Menschen, die ihre Leistungsgrenzen mit höchsten Erwartungen an sich selbst und andere dauerhaft mit einem Marathon-Workload überschreiten, kommt es zu Aussagen wie: „Ich fühle mich wie gerädert", „Ich habe an nichts mehr Spaß", „Nachts kann ich kaum mehr schlafen", „Mir kommt alles so sinnlos vor" oder „Ich bin absolut am Ende meiner Kräfte".

Wenn andere längst zu Hause sind, ist für viele noch lange nicht Schluss mit der Arbeit. Schlapp und ausgelaugt können sie sich dann nach getaner Arbeit nicht einmal mehr in der Freizeit dazu aufraffen, mit der Familie oder Freunden etwas zu unternehmen, jedes Telefonklingeln wird als zu viel empfunden. Ausgelaugt sitzen sie vor dem Fernseher und zappen lustlos herum.

Wer jedoch Mehrarbeit oder die Belastungen des Arbeitstages im Geiste noch mit nach Hause nimmt, ist in Gefahr, innerlich auszubrennen. Geht es Ihnen ebenfalls so?

Der Körper schreit nach Erholung – die Lebensbatterie ist nach dem Raubbau mit den eigenen Energien leer. Menschen, die sich für eine Sache oder ein Projekt entflammt hatten, sind wie Phosphor aus- und abgebrannt. Zurück bleibt eine große innere Leere.

Chronische Belastungen und Dauerstress in Hochpotenz können zum Burnout-Syndrom führen.

Der Begriff „Burnout" wurde 1974 von dem Psychoanalytiker Herbert Freudenberger geprägt, der zeigte, dass es eine Erschöpfung durch Mitgefühl und enttäuschte Liebe gibt, die gerade Menschen in den helfenden Berufen auffrisst. Viele von ihnen waren Feuer und Flamme für ihre Tätigkeit und machten ihre Arbeit mit Spaß und großem Enthusiasmus. Später erlebten sie persönliche oder von außen gesetzte Grenzen, die zu Enttäuschungen und einem Verflachen der eigenen Energiekurve führten.

Andere sind leicht anfällig für Krankheiten, sind gereizt oder werden depressiv. Die Erfahrungen des Ausbrennens nagen am eigenen Selbstwertgefühl und zehren an den Energiereserven.

Fallbeispiel

Michael Brenner wollte schon seit er sich erinnern konnte gern Arzt werden. Er half bereits als Kind kleinen Tieren, hatte ein ausgeprägtes Mitleidsgefühl und setzte sich für Schwächere ein. Mit absolutem Enthusiasmus absolvierte er sein Medizinstudium, und er arbeitete mehr als engagiert auf der Inneren Station eines Kreiskrankenhauses in Norddeutschland.

Er versuchte, sich für die Patienten einzusetzen und sie nicht nur mit drei Minuten während der täglichen Visite abzuspeisen. Seinem glühenden Enthusiasmus folgend, setzte er sich speziell für chronisch Erkrankte und Tumorkranke ein, arbeitete ehrenamtlich in einer Diabetes-Selbsthilfegruppe und setzte all seine Energie für seine Patienten, das Verdrängen der seelischen Belastungen und für die Strapazen des Krankenhausalltags ein.

Seine Freundin hatte anfangs noch Verständnis dafür, dass er auch am Wochenende im Krankenhaus Visite machte und bis spät abends die Entlassungs- und Verlegungsbriefe seiner Patienten schrieb. Die spätere Arbeit auf einer Tumorstation ging ihm sehr nahe. Permanent musste er mitleiden, wenn ein Mensch das Ringen um das Überleben verloren hatte.

Von seinen älteren Kollegen erfuhr er sehr viel Zynismus. Seine Vorgesetzten wiesen ihn permanent auf notwendige organisatorische Arbeiten hin, die ihn jedoch davon abhielten, für seine Patienten da sein zu können.

Dauernd nörgelnde Patienten brachten ihn ins Grübeln. Seine Freundin hatte sich inzwischen von ihm getrennt. Die acht Nachtdienste im Monat und die häufigen Wochenenddienste gingen nicht spurlos an ihm vorbei. Obwohl er die immer häufigeren Nasennebenhöhleninfektionen und seine Magenschmerzen schulmedizinisch behandelte, ignorierte er diese Warnsignale seines Körpers, die ihn auf seine Erschöpfung und zur Änderung seines Verhaltens hinweisen wollten.

Nach außen erhielt er die Fassade des immer strahlenden und gut gelaunten Doktors aufrecht, der immer erreichbar für seine Patienten ist. Doch ihm fiel es von Tag zu Tag schwerer, in der Klinik zu arbeiten. Die Bedingungen machten ihm keinen Spaß mehr.

Zum Glück lernte Michael eine neue Freundin kennen, die ihm als Yoga-Lehrerin eine andere Art des Hinschauens auf das eigene Leben ermöglichte. Nach guten Gesprächen mit einem Coach konnte er seine eigene Einstellung besser einschätzen und seine eigenen Verhaltensmuster verstehen und dadurch den Prozess des Ausbrennens stoppen. Heute hat Michael wieder Spaß an seiner Arbeit und kann gelassener mit Ansprüchen und mit sich selbst umgehen. Weil es für ihn einen guten Ausgleich zu seiner Arbeit gibt, braucht er sich nicht mehr länger primär über seine Arbeit zu definieren.

Das „Klinische Wörterbuch" beschreibt Burnout als „Zustand emotionaler Erschöpfung, reduzierter Leistungsfähigkeit und eventuell Depersonalisation infolge einer Diskrepanz zwischen Erwartung und Realität bei Personen, die Arbeit mit oder am Menschen ausführen; Endzustand eines Prozesses von idealistischer Begeisterung über Desillusionierung, Frustration und Apathie; Symptome: psychosomatische Erkrankungen, Depression oder Aggressivität, erhöhte Suchtgefahr ..." (Pschyrembel 2006).

Im Buch „Medizinische Psychologie, Medizinische Soziologie" finden wir folgende Darstellung: „Das Burnout-Syndrom ist ein schleichend beginnender oder abrupt einsetzender Erschöpfungszustand körperlicher, geistiger oder gefühlsmäßiger Art, in Beruf, Freizeit, Partnerschaft und Familie, der durch lang andauernde Überforderung entstanden ist und sich oft in Aversion, Ekel und Fluchtgedanken, Zynismus, Negativismus, Gereiztheit und Schuldgefühlen zeigt." (Buser / Kaul-Hecker 2003)

Was passiert, wenn Menschen sich bei chronischen Belastungen und unter Dauerstress komplett über die eigenen Energiegrenzen verbrauchen und ausbrennen? Nach einschlägigen wissenschaftlichen Theorien, den Resultaten erfolgreicher Projekte und eigener Erfahrung von 18 Jahren Arbeit in den Dimensionen Kommunikation, Prozess-, Projekt- und Gesundheitsmanagement, Persönlichkeitsentwicklung, Wandel, Coaching, Unternehmens-Gesundheit und Stressbewältigung ist für mich das Burnout-Syndrom grundsätzlich durch vier Kernsymptome des inneren Ausbrennens charakterisierbar:

- Erschöpfung: Die Menschen in diesem Zustand fühlen sich ausgelaugt und sind müde. Das gerade in helfenden Berufen wichtige Mitgefühl nimmt ab und die emotionalen Reaktionen gegenüber anderen Menschen flachen ab.

- Enttäuschung und illusionäre Verkennung: Bei vielen findet sich ein Sehnen nach Anerkennung, eine nicht erfüllte Liebe oder nicht erfüllte Sehnsucht, eine Diskrepanz zwischen Erwartung und Realität und/oder eine illusionäre Verkennung. Oft ist es so, dass etwas gegeben wird, um etwas dafür zu bekommen oder zurückzuerhalten. Die Enttäuschung ist dann programmiert, wenn das Erwünschte nicht erhalten wird.

- Schwund der Authentizität: Die wirklich persönliche, echte und authentische Lebendigkeit in der Arbeit weicht einer professionellen Distanz. Dies geht so weit, dass die Menschen nur noch mechanisch wie Roboter funktionieren. Im Fachjargon nennt man dies auch Depersonalisation. Emotional wird eine negative Haltung mit Zynismus von Kollegen bemerkt.

- Gefühl der mangelnden Leistungsfähigkeit: Menschen, die ausgebrannt sind, fühlen sich den Anforderungen nicht mehr gewachsen. Sie haben das Gefühl, immer weniger zu erreichen, obwohl sie sich immer mehr vornehmen und immer mehr anstrengen. Anfänglich können sie das vermeintliche Wirksamkeitserleben noch kompensieren. In späteren Phasen kommt es dann zur Resignation.

Dieser mit Motivationsverlust einhergehende Erschöpfungszustand ist ein bedrohliches Symptom, das – insbesondere wenn es sich um fortgeschrittene Stadien handelt – einer professionellen Unterstützung durch auf diesem Gebiet erfahrene Spezialisten bedarf.

Dabei sind es weder körperliche Schwerstarbeit oder gesundheitsgefährdende Substanzen, noch ist es Lärm, der uns am Arbeitsplatz ausbrennen lässt, sondern es sind vielmehr die intrapersönlichen, zwischenmenschlichen und erst dann (arbeits-)organisatorischen Bedingungen, die uns krank machen und ausbrennen lassen. Daher ist der Begriff Burnout, obwohl in der Literatur benutzt, nicht optimal.

Burnout beschreibt eine permanent zu hohe Energieabgabe unter Anspannung für eine zu geringe Wirkung bei ungenügendem Energienachschub.

Technisch könnte man dies mit einer Öllampe vergleichen, die nicht mehr über genügend Öl verfügt, dennoch aber helles Licht abgeben soll. Dies ist aber physikalisch nicht möglich. Unterschiedliche Autoren bedienen sich der deutschen Redewendung „die Kerze an beiden Enden anzünden". Dies kommt dem Burnout nahe, berücksichtigt aber nur den Aspekt des Abbrennens, nicht aber den Aspekt des unerfüllten Sehnens, der Diskrepanz zwischen Erwartungen und Wirklichkeit und der illusionären Verkennung und der maximalen Anstrengung.

Auch brauchen wir keine physikalischen Metaphern, denn Burnout ist am eignen Körper spür-, erleb- und erfahrbar. Thomas Ots beschreibt sehr deutlich, dass physikalische Metaphern sich nicht über unsere Leiblichkeit, über die jedem Menschen offen stehende Wahrnehmung, sondern nur kognitiv über leblose technische Hilfskonstrukte erschließen lassen (Ots 2005). Das Burnout ist seiner Auffassung nach das Gefühl des enttäuschten Brennens, nachdem man (das lebendige Subjekt) zuvor „Feuer und Flamme" war, für etwas „gebrannt" hatte. Das stimmt, zumal die Ursache häufig ein unerfülltes und gleichzeitig angespanntes Sehnen nach Liebe, Anerkennung, Lebenswärme und Essenz ist.

Warum Menschen ausbrennen

Eine hohe Gefährdung wird heutzutage bei allen Beziehungsarbeitern in sozialen, kommunikativen und helfenden Berufen wie zum Beispiel Krankenschwestern, Ärzten, Psychologen, Callcenter-Mitarbeitern, Kindergärtnerinnen, Sozialarbeitern, Lehrern, Freiberuflern und Hausfrauenmüttern festgestellt.

Insbesondere in sozialen, kommunikativen und medizinischen Berufen fällt es vielen Menschen nach Eckhart Müller-Timmermann schwer, eine Balance zwischen Überzeugen/Gewinnen und begrenzter Veränderbarkeit von Menschen, zwischen Mitleid und Abschirmung, zwischen Anspruch/Erwartung und menschlicher Unzulänglichkeit sowie zwischen Belastung und Erholung zu finden (Müller-Timmermann 2005).

Moderne Ansätze zur Behandlung des Burnouts berücksichtigen die gesellschaftlichen Dimensionen, insbesondere die hohen Anforderungen aus der Arbeitswelt und die Herausforderungen in Beziehungen.

Der Fokus liegt nach unseren Erfahrungen im Einzel- und Teamcoaching sowie der Paartherapie, und zwar bezogen auf das Individuum und seine mentalen und psychischen Ressourcen, also auf die zur Verfügung stehende Energie. Burnout manifestiert sich auf allen Ebenen des Lebens. Meist macht es sich in der Arbeit bemerkbar. Burnout ist jedoch auch häufig in Beziehungen zu finden.

Einstellungen und Werte spielen bei Personen, die ins Burnout gerutscht sind, eine große Rolle. Insbesondere Menschen mit den folgenden Persönlichkeitsmerkmalen sind für das Burnout-Syndrom prädestiniert:

- Perfektionisten und Menschen, die sich mehr vornehmen, als sie eigentlich schaffen können.
- Frauen mit Doppel- und Dreifachbelastungen (Hausfrau, Mutter, Karrierefrau).
- Personen, die die Messlatte der Ansprüche an sich selbst und andere viel zu hoch legen.
- Menschen, die jedwede Tätigkeit mit maximaler Anspannung verrichten.
- Persönlichkeiten, die sehr starr und dogmatisch in ihren Ansichten sind.
- Menschen, die nie „Nein" sagen können und sich für andere aufopfern.
- Personen mit Idealismus, übersteigertem Perfektionismus und Zwanghaftigkeit.
- Menschen, die nicht delegieren können und alles selbst machen wollen.
- Individuen, die sich über ihre Arbeit definieren und die Firma als eine Art Ersatzbefriedigung sehen.
- Menschen, die es anderen immer recht machen wollen und dabei ihre eigenen Bedürfnisse unterdrücken (Please-me-Syndrom).
- Mitarbeiter, die den Aufwand in Projekten unterschätzen, Meilensteine zu eng setzen und zu wenig Pufferzeiten einräumen.
- Menschen, die überoptimistisch in die Zukunft sehen und so die Aussichten auf Erfolge zu hoch einschätzen, ohne die Risiken realistisch mit einbezogen zu haben.
- Partner, die in ihrer Beziehung nicht mehr zwischen Bindung und Gefesseltsein unterscheiden können.

Gerade in den helfenden Berufen ist der Ausspruch „I have done too much for too many for too long with too little regard for myself" ein Zeichen für die eigene Verwundbarkeit.

Bei den unterschiedlichsten Ausprägungen des Burnouts gibt es Gemeinsamkeiten hinsichtlich der Persönlichkeitsstruktur, wobei nicht alle Kriterien erfüllt sein müssen:

- überzogene Erwartungen an sich selbst (eigene Ideale) und an andere,
- sehr hohe Leistungsansprüche,
- hohe Anspannung,
- unerfülltes Sehnen und/oder unerfüllte Liebe,
- Wunsch nach Lob und Anerkennung, um den eigenen Selbstwert zu steigern,
- verminderte Fähigkeit zur Stressbewältigung und verringerte Frustrationstoleranz,
- ungenügende subjektive Erholungs- und Ruhezeiten,
- Verharren in energetisch schlechten Einstellungs- und Verhaltensmustern,
- Erleben einer fremdbestimmten Welt.

Weitere wichtige interne und externe Faktoren, die Burnout begünstigen, sind:

- quantitative und qualitative Arbeitsbelastung (Übermaß, Rollenkonflikt, Papierkrieg),
- Routinetätigkeit ohne persönliche Weiterentwicklung,
- Einseitigkeit der Kontakte,
- übermäßige Kontrolle durch den Vorgesetzten (Mikromanagement),
- fehlende Verbindlichkeit und Eindeutigkeit der Ziele der eigenen Arbeit,
- hoher Arbeitsdruck bei geringen persönlichen Gestaltungsmöglichkeiten (Hamsterradsyndrom),
- schlechte Führung durch den Vorgesetzten,
- mangelnde Unterstützung von Kollegen,
- schlechtes Team-Klima – insbesonere kritisch für harmonieliebende Menschen,
- Druck und Hektik,
- instabile Partnerschaft,
- Stress in der Familie,
- keine Freunde.

Fallbeispiel

Katja Tiefenstrom hat die ganze Skala der Nebenwirkungen am eigenen Leib erlebt. Seit 14 Jahren arbeitet die 39-jährige Architektin in einem Ingenieurbüro. Nachdem sie Mutter von drei Kindern ist, hat sie nur noch eine Halbtagsstelle.

Dennoch empfindet sie ihr Leben als Großbaustelle, auf der sie Tag und Nacht im Einsatz ist. Termindruck, Zwänge, Änderungen in letzter Minute und sehr hohe Erwartungen – die ihrer Kunden, Kollegen und ihre eigenen. Im gesellschaftlichen Siebzehnkampf sprintet sie als Architektin, Teamkollegin, Ehefrau und Geliebte, Mutter von drei Kindern, Tochter pflegebedürftiger Eltern, Freundin, Seelentrösterin, Gemeindehelferin, Mitglied des Elternrats, Chauffeuse der Kinder, Hunde-Gassi-Geherin, Köchin, Bäckerin, Putzfrau, Steuerzahlerin und Allround-Organisatorin über die Hürden des Alltags, bevor sie abends wie gerädert ins Bett fällt.

Vor lauter Aufgaben hat sie dabei keine Zeit für ihre Hobbys oder das, was ihr eigentlich Spaß macht.

Das selbst gestrickte Alltagskorsett wiegt schwer. Wie ein Stein liegt ihr die Arbeit schwer im Magen, weshalb sie seit sechs Wochen wegen einer Magenschleimhautentzündung behandelt wird. Pflichtbewusst kann sie sich aber jetzt nicht krankmelden, denn sie kann und will die anderen nicht im Stich lassen – „da muss ich jetzt durch".

Seit ihre Mutter vor zwei Wochen mit einer Lungenentzündung ins Krankenhaus kam und sie jeden Abend ihren Vater pflegen muss, lassen sie ihre Sorgen nachts kaum mehr einschlafen. Zudem hat sie Angst, dass sie den Erwartungen im Job nicht mehr auf Dauer gerecht werden wird. Müde schleppt sie sich jeden Morgen ins Büro und strengt sich noch mehr an. Seit einer Woche hat sie nun starke Kopfschmerzen und Nackenverspannungen, weshalb sie sich kaum mehr konzentrieren kann.

Das Beispiel macht deutlich, dass Katjas Energie komplett verbraucht ist. Für Katja ist es wichtig, die Burnout-Alarmsymptome ihres Körpers ernst zu nehmen, eine Pause einzulegen, Distanz zu schaffen und gezielt Aufgaben abzugeben – weniger ist manchmal mehr! Zudem ist es an der Zeit, zuerst an sich zu denken.

Gerade Karrierefrauen kennen diese Problematik. Nach dem Motto „Look like a lady, act like a man, work like a dog" müssen gerade Frauen einen Spagat der Rollenkonflikte zwischen mütterlicher Nähe, hausfraulicher Effizienz und beruflicher Brillanz vollziehen.

Die Abwärtsspirale des Burnouts

Die geminderte Leistungsfähigkeit und das Unglücklichsein sind das Resultat einer Selbstausbeutung über die Grenzen der Gesundheitsschädigung, die sich schleichend vollzieht.

Das Ausbrennen ist ein Prozess im Sinne einer Abwärtsspirale, die sich nach Matthias Burisch, Axel Koch und Stefan Kühn in unterschiedliche Windungen unterteilen lässt, die nicht klar voneinander abgrenzbar sind. Vielmehr besteht ein fließender Übergang zwischen den Spiralwindungen, wobei die Reihenfolge der Windungen und der zeitliche Verlauf individuell variieren können.

Je nach Hauptursache für das Burnout manifestieren sich die Symptome in der Vollausprägung nach wenigen Monaten bis zu vielen Jahren. Es ist jedoch sehr schwierig festzustellen, wann der Eintritt in diese Abwärtsspirale beginnt, weil die Betroffenen durch den schleichenden Beginn gar nicht genau merken, dass sie in einen solchen Strudel geraten. Nicht jede Windung muss zwingend durchlaufen werden, manchmal werden Phasen übersprungen. Viele verharren in der Rückzugs-Phase mit zynischer und selbstmitleidiger Verstimmung und der Verleugnung der Situation. Je weiter dieser Prozess fortgeschritten ist, umso schwieriger ist, ihn umzukehren.

Die Entwicklung eines Burnouts lässt sich am besten mit einer Spirale abbilden, die sich langsam nach unten enger zuzieht. Es handelt sich um ein Kontinuum, das nicht durch exakte Stufen voneinander abgrenzbar ist. Vielmehr überlappen oder vermischen sich einzelne Phasen.

Fallbeispiel aus dem Management-Alltag

Thomas Gerngroß (41 Jahre) war als sehr ehrgeiziger Manager in einem internationalen Beratungsunternehmen seit drei Jahren als äußerst erfolgreicher Partner tätig. Dort arbeitete er normalerweise 12–14 Stunden täglich.

Durch die extreme Arbeitsbelastung wurde er immer ungeduldiger und zynischer, wenn Dinge nicht sofort klappten. Zudem distanzierte er sich emotional immer weiter von seinen Kollegen (und sich selbst). Auch kam es zu Schuldzuweisungen: „Wegen der faulen Mitarbeiter muss ich jetzt noch arbeiten."

Er spürte, dass seine Energie nachließ, und er bekam Angst. Trotz eines Kollapses bei einer Pressekonferenz strengte er sich noch mehr an, um seine Arbeit bestmöglich zu bewältigen – bis es irgendwann nicht mehr ging.

Völlig ausgelaugt hing er dann im Sommer in seiner Hollywoodschaukel und schaute seinen Kindern beim Spielen im Garten zu. Er wünschte sich nur ein wenig dieser sprühenden Lebensenergie. Für ihn war selbst der Gedanke zu anstrengend, dass er sich aufraffen müsste, um zur Toilette zu gehen. Jede Tätigkeit war ihm zu viel, egal ob es das Einkaufen oder das Beantworten eines Anrufes von der Schwiegermutter war oder nur das Abräumen des Geschirrs vom Frühstückstisch. Er hatte einfach keine Kraft, Energie und Lust mehr.

Nach einer Auszeit von sechs Wochen und einer intensiven professionellen Begleitung konnte er seine Energieressourcen neu aufbauen und einen Neuanfang starten. Nach einer Inventur seines bisherigen Lebens, einer Neuorientierung an seinen eigenen Visionen und Werten sowie der Nutzung seiner Potenziale konnte er sich von überzogenen Leistungsidealen verabschieden.

Sein bis zur Selbstaufopferung zelebriertes Feuer-und-Flamme-Engagement ist einer realistischen Arbeitsauffassung gewichen. Täglich achtet er auf seinen Körper und sorgt durch autogenes Training und Qigong für Entspannung. Inzwischen macht er nur noch sehr selten Überstunden. So hat er mehr Zeit für seine Familie, seine Hobbys und sich selbst. Seine Kollegen und Mitarbeiter erleben ihn sehr viel ausgeglichener und lebensfroher.

Grundsätzlich hängt der Schweregrad des Burnouts von komplexen Lebensdimensionen ab – von der Einstellung, dem Selbstbild, der Persönlichkeit, den Erfahrungen, dem Wissen, der Reflexionsfähigkeit und dem Willen und der Fähigkeit zur Bewältigung der momentanen Situation.

Bitte beachten Sie aber: Einzelne Phasen können auch als ganz normale menschliche Reaktionen auf bestimmte Ereignisse eintreten, die nicht unbedingt mit Burnout in Verbindung gebracht werden dürfen. Sie sollten kein Burnout-Syndrom „diagnostizieren", nur weil Sie das eine oder andere Symptom derzeit an sich erleben.

Auch ist es wichtig zu wissen, dass nicht jede Phase zwingend auftreten muss. Zudem gibt es keine zeitlichen Zusammenhänge zwischen einzelnen Phasen. Das Wichtigste ist, den Grund für das Burnout zu erkennen. Wenn Sie diesen gefunden haben, sind Sie bereits wieder auf dem Weg heraus aus der Burnout-Spirale und mittendrin im Heilungswirbel.

Unterschiedliche Autoren und Wissenschaftler beschreiben die Phasen des Burnouts quantitativ und inhaltlich unterschiedlich: So beschreiben Freudenberger und North zwölf, Burisch, Koch und Kühn sieben und Bronsberg und Vestlund sowie Müller-Timmermann fünf Phasen. Die Grundsystematik des Burnouts folgt dem Modell nach Seyle, welches in Alarmphase, Resistenzphase und Erschöpfungsphase aufgeteilt ist. Wir lehnen uns im Folgenden an die Beschreibungen von Burisch an und arbeiten ebenfalls mit einem modifizierten 7-Phasen-Modell.

7-Phasen-Modell des Burnouts

1. Phase: Vermehrte idealistische Begeisterung

Der Beginn der Abwärtsspirale ist gekennzeichnet durch eine Ambivalenz aus hyperaktivem Engagement und flammender Begeisterung für ein Projekt oder Ziele, möglicherweise einhergehend mit Gefühlen wie Unentbehrlichkeit und Zeitmangel und andererseits Erschöpfung, chronischer Müdigkeit und Energiemangel.

Diese Phase ist am schwierigsten zu erkennen. Die eigenen Bedürfnisse werden trotz Erschöpfung und Müdigkeit verleugnet. Der Wunsch, den anderen zu zeigen, wie gut man ist, verwandelt sich in einen Zwang. Wir finden diesen Zustand häufig bei Men- schen, die (un)freiwillig unbezahlte Überstunden und Mehrarbeit machen. Oft findet sich eine verbissene Einstellung zu Erfolg und Leistung, gepaart mit übertriebenen Ansprüchen, alles richtig zu machen, und unrealistischen Erwartungen.

2. Phase: Distanz

Nach einer Phase des Sich-beweisen-Müssens setzen Ernüchterung und Widerwillen ein, bei der die positive Einstellung, der Spaß und das Engagement bezüglich der Arbeit verloren gehen. Die anfänglich noch unter größten Anstrengungen verstärkte Arbeitswut wird reduziert. Folgend kann es zu überlangen Arbeitspausen und Fehlzeiten am Arbeitsplatz kommen.

Kompensatorisch wird die Priorität auf private Aktivitäten, wie Hobbys und Freizeit, gelegt. Im Umgang mit Kollegen und Kunden besteht eine Verflachung der Emotionen, bisweilen tritt Zynismus auf. Kontakte werden gemieden.

3. Phase: Emotionalisierung

Die Faktoren dieser Windung sind einerseits eine aggressive Komponente, die sich in Vorwürfen, erhöhter Reizbarkeit, Wut, Launenhaftigkeit und Schuldzuweisungen darstellt, andererseits lassen sich Schwankungen der Stimmung, Schwächegefühl, Leere, Abstumpfungsgefühle, Selbstmitleid, Angst und depressive Verstimmung nachweisen.

In dieser Phase werden die eigenen Bedürfnisse (Schlaf, Entspannung, Selbstreflexion) vernachlässigt und die Selbstaufmerksamkeit reduziert. Gleichzeitig werden Konflikte, Angst und Versagensängste verdrängt. Bereits in diesem Stadium kann es zu einem körperlichen Zusammenbruch kommen.

4. Phase: Abbau
Die Konzentrations- und Merkfähigkeit und die allgemeine Arbeitsleistung nehmen weiter ab, das Organisationsvermögen schwindet, die Motivation sinkt, Initiative und Kreativität verflachen. In der Arbeit wird nur noch das Nötigste erledigt. Die Energiereserven sind erschöpft, alles läuft auf Sparflamme. Zudem kommt es zu einer Entdifferenzierung bis hin zur Verwirrung.
Trotzdem werden Probleme durch vielschichtige Mechanismen verleugnet. Dadurch, dass die Menschen in dieser Phase sich selbst überspringen und eigene Bedürfnisse permanent übergehen, kommt es zu Veränderungen des Wertesystems und der Wahrnehmungen. So wird es zunehmend schwierig, zwischen Wichtigem und Unwichtigem zu unterscheiden.

5. Phase: desinteressierte Gleichgültigkeit
Die Emotionen sind auf dem Nullpunkt angelangt. Das Interesse an privaten Unternehmungen erlahmt, sportliche Aktivitäten und Hobbys werden aufgegeben, Desinteresse, Intoleranz und Zynis- mus machen sich breit. Es kommt zu einem Rückzug auf allen Ebenen mit einer Verflachung der Persönlichkeit, die sich in Verhaltensauffälligkeiten zeigen kann: Viele sind telefonisch oder per E-Mail kaum erreichbar und gehen Kontakten aus dem Weg.
Ein Klient sagte mir in einer Coaching-Sitzung: „Ich komme mir vor wie eine Maschine, die auf Knopfdruck funktioniert und die Dinge ausführt, auf die sie programmiert ist, ohne Gefühle und Lebendigkeit". Es setzt eine innere Leere mit gähnender Gleichgültigkeit gegenüber anderen ein.

6. Phase: Depersonalisation und körperliche Symptome
Die Logik und der Verstand für die eigene Persönlichkeit kommen abhanden. Die Selbstverleugnung geht über in eine Selbstverneinung des eigenen Körpers. Die gesamte Klaviatur möglicher Somatisierungen kann durchlaufen werden.
Beispiele sind: dauernde Erkältungskrankheiten durch die Schwächung des Immunsystems, Unfähigkeit zur Entspannung im Privatleben und in der Freizeit, Ohrgeräusche, Ein- und Durchschlafstörungen, Alpträume, Schmerzen in den Muskeln und Gelenken, Muskelverspannungen, Übelkeit, Magen- und

Darmprobleme, sexuelle Probleme, Atemprobleme, Sehstörungen, Schwindel, Kopf schmerzen, Herzrhythmusstörungen, Engegefühl in der Brust, Veränderung der Pulsfrequenz, Veränderungen des Gewichts, Zu- oder Abnahme des Appetits mit nachfolgender Änderung der Essgewohnheiten (vom Schokolade-in-sich-Hineinfressen bis zur völligen Nahrungskarenz). Kompensatorisch kann es zu erhöhtem Alkohol- und Medikamenten-, Tabak- und Drogenkonsum kommen.

7. Phase: Rien ne va plus
In der Endphase herrscht eine maximal negative Einstellung zum eigenen Leben mit schwerer Depression, mit Gefühlen der Sinnlosigkeit, Hoffnungslosigkeit, Angst, absoluter Verzweiflung und existenzieller Bedrohung.
Es wird kein Ausweg mehr aus dieser maximalen Erschöpfung gesehen. Vielen ist alles egal. Das Leben scheint sinnlos und wertlos. Der Alkohol-, Drogen- und Tablettenkonsum kann weiter zunehmen. In dieser Phase des Totalzusammenbruchs und der Apathie kann es zur Aufgabe des Lebenswillens und Suizidgedanken kommen.

Die persönliche Bewertung

Interessant ist, dass sich mit jeder weiteren Spiralwindung der individuelle Bewegungs-, Handlungs- und Möglichkeitsspielraum und so auch der Aktionsradius weiter einschränkt. Der Blickwinkel und die Handlungsfähigkeit werden immer kleiner. Daher ist es wichtig, sich professioneller Hilfe anzuvertrauen.

> Obwohl die Anstrengungen immer größer werden, gelingt es in fortgeschrittenen Phasen des Burnouts immer weniger, sich selbst aus dem „Sumpf" zu ziehen.

Klienten berichten, dass sie sich fühlten, als ob sie mit Vollgas auf der Stelle durchdrehen und nicht mehr vom Fleck kommen würden. Doch dieser Dauer-Vollgas-Zustand kostet maximale Energie. Und diese maximale Energie wird für Alltagsaufgaben verwendet. Das Verschließen eines Briefes, das Beschriften mit der Adresse und das Kleben einer Briefmarke werden mit maximaler Anspannung gemacht – so, als seien es olympische Höchstleistungen. Mit dem Erfolg, dass die Lebensenergie nicht mehr für die wesentlichen Aufgaben im Leben zur Verfügung steht. Der Bewegungsradius für wesentliche Dinge wird trotz vergrößerter Anstrengung immer kleiner.

Gerade verkopfte Menschen sind es nicht mehr gewohnt, still zu sein und innezuhalten und dabei zu überlegen, was sie anders machen könnten. Stattdessen erhöhen sie einfach den Druck, verstärken ihre Bemühungen und zwingen sich, in der gewohnten Richtung weiterzugehen, auch wenn es eine Einbahnstraße ist.

Wenn der Druck steigt, steigen auch oft die Widerstände; deshalb ist es so wichtig, innezuhalten. Mit geeigneten Entspannungsverfahren ist es möglich, die routinierten Gedankenspiralen und Endlosschleifen des Denkens zu unterbrechen, um erst einmal wieder still zu werden.

> Die negative Interpretation von Ereignissen und die sorgenvollen Gedanken, die sich darum ranken, was so alles schiefgehen könnte, erzeugen Druck und belasten sehr.

Die individuelle Reaktion auf Belastungen ist unterschiedlich: Einige reagieren bereits bei wenig Stress mit hoher Alarmbereitschaft, andere können stressreiche Ereignisse locker bewältigen. Dies hat viel mit dem Erleben und der Bewertung des als unangenehm empfundenen Spannungszustands zu tun.

Re-Balancing-Konzepte

Das Burnout-Syndrom ist eine Extremvariante von Überengagement, erlebten Dauerbelastungen, überzogenen Erwartungen, Anspannung und Enttäuschung. Daher ist es wichtig, diese Abwärtsspirale mit Hilfe versierter Experten und/oder Therapeuten zu durchbrechen.

Mit Hilfe verhaltenmodifizierender Methoden und ganzheitlicher Re-Balancing- und Integrations-Konzepte kann ein Sinn-volles und der jeweiligen Person entsprechendes Leben nach eigenen Maßstäben neu belebt werden.

Es gibt unterschiedliche Ansätze zum effektiven Umgang mit Burnout, Belastungen und sich selbst:

- Bei sich selbst, indem man authentisch und präsent lebt und mit dem Leben mitgeht, anstatt dagegen anzukämpfen. Das bedeutet vor allem Vertrauen zu haben – zu sich selbst und zu dem, wie es ist.
- Man sollte Methoden zur Problemlösung einsetzen, Verhalten ändern, aktiv Dinge gestalten, Bewertungen von Belastungssituationen verändern und zu mehr Selbstwert kommen.
- Bei den Erwartungen und den Anspannungen, indem man die Erwartungen, Ansprüche und Anspannungen auf ein normales Niveau bringt.
- Bei der Belastungssituation, indem man durch Instrumente und Methoden die Erregung und Belastungen drosselt und verhindert, dass man in die Burnout-Spirale gerät.
- Bei den Verhaltensmustern, die uns von einem entspannten Da-Sein abhalten.

Es ergeben sich die folgenden Lösungsansätze:

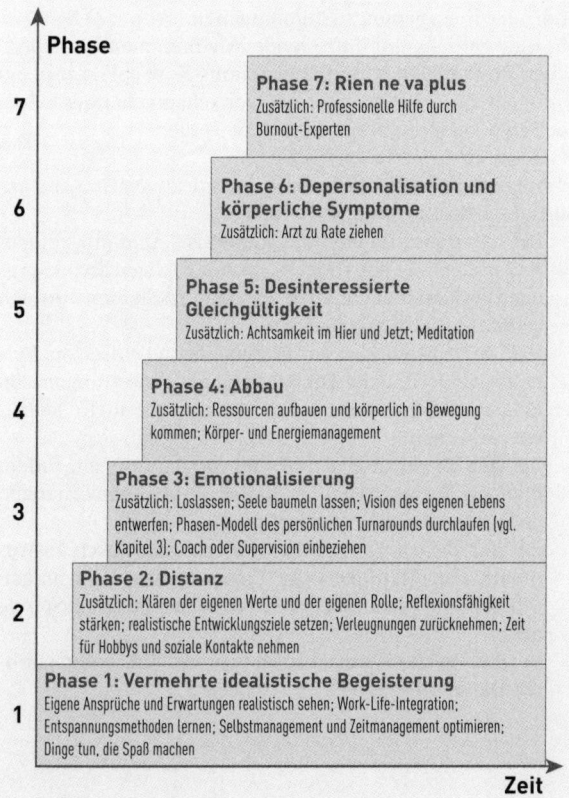

Phase

Phase 7: Rien ne va plus
Zusätzlich: Professionelle Hilfe durch
Burnout-Experten

**Phase 6: Depersonalisation und
körperliche Symptome**
Zusätzlich: Arzt zu Rate ziehen

**Phase 5: Desinteressierte
Gleichgültigkeit**
Zusätzlich: Achtsamkeit im Hier und Jetzt; Meditation

Phase 4: Abbau
Zusätzlich: Ressourcen aufbauen und körperlich in Bewegung
kommen; Körper- und Energiemanagement

Phase 3: Emotionalisierung
Zusätzlich: Loslassen; Seele baumeln lassen; Vision des eigenen Lebens
entwerfen; Phasen-Modell des persönlichen Turnarounds durchlaufen (vgl.
Kapitel 3); Coach oder Supervision einbeziehen

Phase 2: Distanz
Zusätzlich: Klären der eigenen Werte und der eigenen Rolle; Reflexionsfähigkeit
stärken; realistische Entwicklungsziele setzen; Verleugnungen zurücknehmen; Zeit
für Hobbys und soziale Kontakte nehmen

Phase 1: Vermehrte idealistische Begeisterung
Eigene Ansprüche und Erwartungen realistisch sehen; Work-Life-Integration;
Entspannungsmethoden lernen; Selbstmanagement und Zeitmanagement optimieren;
Dinge tun, die Spaß machen

Zeit

Lösungsansätze für die einzelnen Burnout-Phasen

Beim Burnout werden die Anforderungen an die Situation höher eingeschätzt als die für die Bewältigung der Situation vorhandene Energie.

Dies führt in Konsequenz zu einer immer stärkeren Anspannung und fortwährenden Frustrationen und letztlich zu einem Raubbau der eigenen Energieressourcen im Körper. Die Kennzeichen und Erkennungsmerkmale sind nicht immer eindeutig. Zudem wird bisweilen durch Verleugnungs- und Verdrängungsmechanismen ein schneller Ausstieg aus der Burnout-Spirale verhindert.

Wirklich miteinander reden – Die Kunst der wertschätzenden Kommunikation

Modelle zur Kommunikation sollen uns helfen, ein besseres und tieferes Verständnis dafür zu entwickeln, wie wir mit anderen Menschen reden.

Das von Friedemann Schulz von Thun entwickelte Quadrat der Nachricht spricht von den vier Seiten einer Nachricht:

- dem Sachinhalt, der Informationen über die mitzuteilenden Dinge und Vorgänge der Welt enthält,
- die Ebene des Selbstbezuges, durch die der „Sender" etwas über sich selbst äußert,
- die Beziehungsebene, durch den der „Sender" zu erkennen gibt, wie er zum „Empfänger" steht,
- die Appellebene, die den Versuch darstellt, in einer bestimmten Weise Einfluss zu nehmen.

Doch der Hebel für den Erfolg gelungener Kommunikation setzt bereits vor dem Gespräch an. Auf der verbalen Ebene geschieht Kommunikation sowohl auf der bewussten als auch auf der nicht-bewussten Ebene. Oft genug passiert es, dass wir das, was wir sehen oder wahrnehmen, direkt mit unseren Erfahrungen abgleichen und bewerten.

So sehen wir oftmals gar nicht mehr den Menschen, der uns wirklich begegnet, sondern einen Menschen, von dem wir annehmen, er sei so, wie wir ihn sehen, ohne zu wissen, wie er denn tatsächlich ist, nur weil wir glauben, dass er so sei wie ein Mensch, der ihm ähnlich sieht und mit dem wir bereits eine bestimmte Erfahrung in der Vergangenheit gemacht haben.

Kommunikationstrainings setzen häufig im Außen an; hier wird auf „Wirkung" kommuniziert. So werden Verhaltensweisen geübt und antrainiert, die auf einen Effekt bedacht sind. Beispiele sind Blickkontakt, Gesten und Körpersprache sowie rhetorisch geschliffene Sätze oder besondere Betonungen. Der Nachteil hierbei ist oft, dass die Menschen nur auf den Inhalt der Nachricht achten, ohne bei sich zu sein. Dabei verlieren sie den inneren Kontakt zum eigenen Kern in der Absicht, Wirkung zu erzielen.

Vier Schritte zur echten Kommunikation

Ziel dieses wahrnehmungs- und wertschätzungsorientierten Vierschrittverfahrens ist es, mit authentischer Achtsamkeit die Selbsterkenntnis zu vergrößern, in dem bewusste und nicht-bewusste Anteile sinnvoll integriert werden.

1. Präsent sein

Bereits vor dem Gespräch geht es um die innere Haltung. Und das hat mit Ihrer eigenen Präsenz zu tun. Insbesondere geht es darum, im Hier und Jetzt und nicht schon wieder woanders zu sein. In diesem Zustand brauchen die Dinge nicht bewertet zu werden. Sie gehen einfach in Resonanz mit sich selbst und lassen den „Körperscanner" eingeschaltet, der Ihnen ein Feedback gibt, wie es Ihnen genau jetzt geht. Achten Sie darauf, wie sich Ihr Körper jetzt gerade anfühlt, und bleiben Sie in der Wahrnehmung.

2. Achtsamkeit Raum geben

Wenn Sie präsent sind, können Sie sich für andere öffnen. Dies geschieht nicht durch angestrengte Konzentration, sondern einfach dadurch, dass Sie ein weites Wahrnehmungsfeld halten. Und das hat mit Ihrer Achtsamkeit zu tun. Dabei nehmen Sie wahr, was geschieht – ohne zu werten oder zu beurteilen. Und es geht auch nicht darum, sich nur auf eine Sache zu konzentrieren. Sie dürfen sich dieser Sache zuwenden – aber nicht im Kopf „eng" werden. Im Gegenteil: Sie sollen mitbekommen, was sonst so passiert.

Stellen Sie sich vor, Sie sollen Ihrem Chef genau erklären, warum Sie das so gemacht haben. Die meisten argumentieren dann angestrengt auf der Sachebene, merken aber nicht, was um sie herum passiert. Wichtig ist es, alle Sinneskanäle sinnvoll einzubeziehen: Wie fühle ich mich jetzt, wonach riecht es hier, welche Geräusche höre ich, wie hell oder dunkel ist die Umgebung? Öffnen Sie den Raum zu Ihrem Gegenüber, indem Sie alle Sinneseindrücke mit einbeziehen und sich nicht nur auf der Inhaltsebene bewegen. Das Öffnen des Raumes ist ein mentaler Vorgang.

3. In Kontakt treten und in Beziehung gehen

Jetzt können Sie sich einlassen auf den Kontakt. Beobachten Sie einfach, was passiert, ohne direkt zu werten. Die meisten von uns reagieren blitzartig auf ein Ereignis. Dies schränkt die Handlungsfähigkeit enorm ein. Das Nichtwerten vergrößert die Wahrnehmungsperspektive, erweitert den Möglichkeitsraum der Entscheidungen und vergrößert die Handlungsperspektive. Wenn Sie Ihre Erwartungen und Beurteilungen loslassen, können Sie nur gewinnen.

4. Wertschätzende und respektvolle Beziehung pflegen

Seien Sie liebevoll und nachsichtig zu sich selbst. Wenn Sie dies beherzigen, können Sie auch anderen wertschätzend, achtsam und respektvoll begegnen. Egal, was passiert. Wenn Sie dieses Vierschrittverfahren beherzigen, dann hat Ihre Seele Vorfahrt.

Schnurstracks in den Burnout

Viele Menschen mit (drohendem) Burnout leiden auch unter mangelndem Selbstwertgefühl. Leider führen Techniken wie positives Denken und positive Affirmationen nicht immer zum Erfolg. Vielen fehlt einfach der Abstand, um neue Perspektiven zu entwickeln, durch die es gelingen könnte, den Selbstwert zu steigern. Weit effektiver als angestrengtes Nachdenken, wie Sie ein Burnout vermeiden könnten, ist die Vorstellung, wie Sie am schnellsten dort hineinkommen könnten. Dazu benutze ich in Teamworkshops und Coachings die *Kopfstandmethode*. Diese Umkehrung ist effektiv, kreativ und macht viel Spaß.

Folgende Fragen könnten hilfreich sein:

- Was kann ich tun, um im High-Speed-Tempo in ein Burnout-Syndrom zu gelangen?
- Wie ruiniere ich meine Gesundheit?
- Wie mache ich mich schnellstmöglich (selbst) fertig?
- Wie komme ich schnellstmöglich in eine Lebenskrise?
- Wie ziehe ich mir am effektivsten selbst den Stecker aus der (Lebens-)Steckdose?
- Wie bringe ich mein Selbstwertgefühl auf null?

Sicher werden Ihnen hervorragende Ideen einfallen, wie Sie mit Volldampf in den Burnout rasen können.

Bitte legen Sie eine Tabelle an. In die linke Spalte tragen Sie als erstes die Ideen ein, wie Sie am schnellsten in den Burnout gelangen könnten. Nachdem Sie alle Punkte aufgeschrieben haben, verkehren Sie die Vorschläge einfach ins Gegenteil, um für Sie persönlich sinnvolle Maßnahmen aufzusetzen. Diese Aktivitäten notieren Sie bitte in der rechten Spalte. Durch die Umkehrung der Sätze lassen sich ganz neue Lösungen erzielen, an die Sie vielleicht noch gar nicht gedacht haben. Probieren Sie es einfach aus.

Wie ruiniere ich meine Gesundheit?	geschickte Umkehrung
Indem ich trotz beginnender Kopfschmerzen einfach härter arbeite und die Schmerzen einfach ignoriere.	Wenn ich Kopfschmerzen verspüre, ist dies ein wichtiger Hinweis meines Körpers, dass etwas nicht stimmt. Statt mir eine Schmerztablette aufzulösen, erlaube ich mir, das zu tun, was meinem Körper guttut. Ich weiß, dass meine Gesundheit Voraussetzung für meine Leistungsfähigkeit ist. Wenn es mir wieder besser geht, bin ich auch wieder voll einsatzfähig.
Wie komme ich schnell in ein Burnout?	**geschickte Umkehrung**
Indem ich immer für andere da bin, immer über meine Grenzen gehe und nie Sport mache.	Wenn ich immer für mich da bin, meine eigenen Grenzen respektiere und verteidige, zweimal wöchentlich zum Sport gehe, erhalte und stärke ich meine Wertschöpfung.

Die Sätze in der linken Spalte sind Angriffe auf den Wert des eigenen Körpers und das persönliche Selbstwertgefühl. Eine sinnvolle Umkehrung ist in der rechten Spalte dargestellt.

Auf den Punkt gebracht:

- Die traurigen Fakten: Burnout wird immer häufiger. Die Symptome variieren von Müdigkeit, Nervosität, Unruhe, Schlafstörungen über Depressionen, Magen- und Rückenschmerzen bis zur Suizidneigung. Die Intensität ist individuell unterschiedlich.

- Die gute Nachricht: Burnout lässt sich vermeiden. Das frühzeitige Erkennen der Symptome, ein adäquater Umgang mit Belastungen und eigenen Erwartungen, das Anwenden von Bewältigungsstrategien und präventive Maßnahmen sind von großer Bedeutung.

- Das Burnout-Syndrom ist eine Extremvariante von Überengagement, erlebten Dauerbelastungen und Überforderungen, überzogenen Erwartungen, Anspannung und Enttäuschungen bei mangelnder Entspannung und Erholung, die sich als eine nach unten enger werdende Abwärtsspirale darstellen lässt.

- Die Anforderungen an die Situation werden höher eingeschätzt als die für die Bewältigung der Situation vorhandene Energie.

- Ein Hauptpunkt des Burnouts sind die unterschiedlichen Mechanismen der Verleugnung. Hinzu kommt, dass die körperlichen Symptome stärker werden, je tiefer die Personen in die Spirale des Burnouts geraten.

- Ein geringes Selbstwertgefühl ist ein häufiger Begleiter auf dem Weg ins Burnout. Mit der Kopfstandmethode können destruktive Vorschläge in konstruktive Handlungsenergie gewandelt werden, sodass das Selbstwertgefühl effektiv und ohne unerwünschte Nebenwirkungen verbessert werden kann.

2 Sind Sie Burnout-gefährdet?

*„Ein Mensch erlebt den krassen Fall,
es menschelt deutlich überall –
und trotzdem merkt man weit und breit
oft nicht die Spur von Menschlichkeit."
(Eugen Roth)*

Der Burnout-Indikator

Seit vielen Jahren arbeite ich mit einem Burnout-Indikator in Form eines selbst entwickelten Fragebogens, mit dem Sie auf Basis Ihrer Selbstbewertung eine mögliche Burnout-Gefährdung ablesen können. Dabei beziehen sich die Fragen auf Ihr Privat- und Ihr Arbeitsleben.
Burnout-Symptome zeigen sich oft durch deutlich wahrnehmbare Signale, die dann ernst zu nehmen sind, wenn sie häufig oder dauernd auftreten. Die nachstehenden Fragen können, müssen aber nicht zwingend auf Burnout hinweisen.

Lesen Sie sich die nachstehenden Fragen in aller Ruhe durch und beantworten Sie sich die Frage:

Welche der aufgelisteten Kriterien und Warnsignale haben Sie bei sich selbst in den letzten zehn Wochen in welcher Intensität wahrgenommen?

Anhand folgender Skala können Sie die Intensität angeben:
- 0 = praktisch nie
- 1 = selten, d. h. etwa einmal alle sechs Wochen
- 2 = manchmal, d. h. etwa alle zwei Wochen
- 3 = häufig, d. h. mehrmals pro Woche
- 4 = dauernd

1	Ich denke häufig an negative Dinge und grüble vor mich hin.
2	Ich habe keine Kondition und bin schnell erschöpft.
3	Ich bin unruhig, reizbar und unausgeglichen.
4	Es ist mir sehr wichtig, beliebt zu sein.
5	Ich schwitze häufig ohne ersichtlichen Grund.
6	Ich arbeite unter Zeit- und Termindruck.
7	Ich bin ängstlich und unruhig.
8	Ich habe keine Lust darauf, mich mit Freunden oder Bekannten zu treffen.
9	Ich bin sehr bemüht, es allen recht zu machen.
10	Ich habe Nacken-, Schulter- oder Rückenschmerzen.
11	Wenn ich morgens aufwache, fühle ich mich wie gerädert.
12	Ich esse schnell und hastig.
13	Mein Gedächtnis funktioniert wie ein Schweizer Käse – ich vergesse vieles und kann mir nichts merken.
14	Ich bin enttäuscht.
15	Ich kann schlecht abschalten und mich nur ungenügend entspannen.
16	Ich habe Magen- und/oder Verdauungsprobleme.
17	Ich betreibe keinen Ausgleich zu meiner Arbeit.
18	Meine Energiereserven sind leer.
19	Ich sehe keinen Sinn mehr in meiner Arbeit.
20	Ich leide unter Kopfschmerzen.
21	Ich zweifle an mir selbst.
22	Ich habe keine Zeit für Sport oder ein Hobby.
23	Ich bin antriebslos und kann mich zu nichts mehr aufraffen.
24	Ich habe Probleme mit meinem Kreislauf (Blutdruck, Puls).
25	Abends trinke ich ein Glas Rotwein.
26	Mir ist eigentlich alles zu viel.
27	Lob und Anerkennung sind mir wichtig.
28	Wenn ich Treppen steige, gerate ich schnell außer Atem.
29	Mein Wunsch nach Sex ist verringert.
30	Ich arbeite sehr viel und hart.
31	Insbesondere nach einem hektischen Arbeitstag fällt es mir schwer, zu Hause los zu lassen und mich zu entspannen.

32	Meine Hände und Füße sind kalt.	☐
33	Ich bin vergesslich und habe Wortfindungstörungen.	☐
34	Tagsüber bin ich oft müde.	☐
35	Ich denke öfter an Selbstmord.	☐
36	Ich habe keinen Spaß mehr.	☐
37	Ich habe wenig Zeit für Freunde, Partnerschaft und die Familie.	☐
38	Wenn das Telefon klingelt, hebe ich nur widerwillig ab.	☐
39	Ich habe keine neuen Ideen und fühle mich ohne Schwung.	☐
40	Ich verspüre eine Gleichgültigkeit bei allem, was ich tue.	☐
41	Ich leide nachts unter Ein- oder Durchschlafstörungen.	☐
42	Ich habe eine depressive Grundstimmung.	☐
43	Meine private und berufliche Situation empfinde ich als ungewiss.	☐
44	Mein Appetit hat sich verändert.	☐
45	Ich verzettele mich während der Arbeit.	☐
46	Mein Herz bereitet mir Sorgen.	☐
47	Das Neinsagen fällt mir sehr schwer.	☐
48	Ich spüre keine Lebensfreude mehr und fühle mich innerlich völlig leer.	☐
49	Meine Nackenmuskulatur ist verhärtet und schmerzt.	☐
50	Ich bin schlecht organisiert und verliere den Überblick.	☐

Gesamtpunktzahl: ☐

Die Auswertung:

• 151–200 Punkte:
Es ist höchste Zeit, dass Sie sich mit diesem Thema beschäftigen. Nach Ihrer Selbsteinschätzung sind Sie extrem Burnout-gefährdet oder bereits in einem Burnout-Zustand. Sie sollten sich eine Auszeit nehmen, um Distanz zu Ihren Belastungen zu erhalten. Nehmen Sie Ihre körperlichen Symptome als Alarmsignale, die auf notwendige Veränderung hinweisen. Suchen Sie sich am

besten professionelle Hilfe durch einen erfahrenen Burn-out-Spezialisten, der Sie bei anstehenden Veränderungen begleitet. Wenn Sie die Symptome als bedrohlich empfinden und/oder die Fragen 35 und 48 mit einer hohen Punktzahl bewertet haben, sollten Sie nicht lange zögern und einen Arzt oder Psychotherapeuten aufsuchen.

- 101–150 Punkte:
  Die Auswertung Ihrer Selbsteinschätzung zeigt, dass Sie anfällig für das Burnout-Syndrom sind oder unter Belastungen leiden. Ihre Belastungen und Erwartungen ziehen Ihnen Energie ab und lassen die Alarmleuchte in Ihrer Lebensbatterie aufleuchten. Nutzen Sie eine Auszeit für eine Neuorientierung.
  Beschäftigen Sie sich mit den sechs Phasen des persönlichen Turnarounds (siehe unten), den Instrumenten, Methoden und Bewältigungsstrategien im Umgang mit Belastungen und Burnout. Übernehmen Sie die Regie über Ihr Leben, definieren Sie Ihre Lebensvision und bringen Sie Ihre Ansprüche und Erwartungen auf ein Sinn-volles Maß. Überdenken Sie Ihr Selbstmanagement und ordnen Sie die Prioritäten Ihrer Arbeit neu.
  Wichtig ist, dass Sie eine ausgewogene Balance von Gesundheit, Anspannung und Entspannung in Beruf und Privatleben aufbauen. Achten Sie auf Ihren Körper und tun Sie wieder Dinge, die Ihnen Spaß machen und Lebenskraft geben. Nehmen Sie die Umstände und sich selbst nicht zu ernst und setzen Sie sich nicht zu hohe Ziele. Gehen Sie liebevoll mit sich selbst um und achten Sie darauf, dass Sie an sich selbst denken und nicht nur an die anderen.

- 51–100 Punkte:
  Nach Ihrer Selbsteinschätzung haben Sie den richtigen Weg in Richtung persönlicher Weiterentwicklung eingeschlagen. Sie kennen Ihre Reaktionen auf Belastungen und Ihr eigenes Anspruchsniveau, haben aber noch Ver-

besserungspotenzial. Möglicherweise gibt es Stolpersteine in der Wahrnehmung und der Erkennung körperlicher Symptome. Spüren Sie in Ihrem Körper, welche Situationen für Sie anstrengend und belastend sind und wie Sie wann und wo mit welchen körperlichen oder emotionalen Symptomen reagieren.

Wie man das macht, erfahren Sie im folgenden Kapitel. Ihr körperlicher „Scanner" gibt Ihnen sofort ein Feedback, wie Sie eine Belastungssituation erfahren und erleben, wenn Sie in Ihren Körper lauschen und Ihrem Bauchgefühl trauen. Relativieren Sie Ihre Ansprüche gegenüber sich selbst und anderen. Sorgen Sie gut für sich selbst und für eine gute Balance zwischen Anstrengung bei der Arbeit und dem privaten Ausgleich. Leiten Sie die nächste Stufe Ihrer Weiterentwicklung ein. Meditation, Yoga, Qigong oder Tai-Chi sind sinnvolle Möglichkeiten, Ihre Gesundheit zu fördern.

- 0–50 Punkte:
  Herzlichen Glückwunsch! Ihrer Selbsteinschätzung nach haben Sie einen gesunden Umgang mit Belastungen und Ihren eigenen Erwartungen entwickelt. Demnach besteht für Sie derzeit keine Gefahr, in ein Burnout zu schlittern. Sie kennen sich und Ihre Belastungsreaktionen gut, erkennen die körperlichen Warnzeichen und können adäquat damit umgehen.
  Ihre Ansprüche sind nicht überzogen und Sie setzen sich realistische Ziele. Mit Belastungen und Herausforderungen des Alltags gehen Sie eigenverantwortlich um und Sie lassen sich nicht durch Hektik und Belastungen bremsen. Sie sind auf dem besten Wege, achtsam und mit der nötigen Distanz mit Belastungen und sich selbst umzugehen. Sie haben ein gesundes Verhältnis zwischen Privatem und Arbeit. Mit einer guten Anbindung an Ihr Körpergefühl und einer guten Präsenz können Sie mit Ihrer Energie hervorragend haushalten. Weiter so!

Wenn Sie bei sich psychosomatische Beschwerden und Erkrankungen wie zum Beispiel Übelkeit, Magenschmerzen, Durchfall, Kloß-im-Hals-Gefühl oder Rückenschmerzen feststellen, sollten diese Symptome auf jeden Fall medizinisch abgeklärt werden, um ernsthafte Erkrankungen ausschließen zu können.

Spürsonden des Burnouts – Alarmsignale des Körpers

Im Folgenden geht es darum, dass Sie für sich erkennen, wie es um Ihre Energie steht und welche Symptome Ihr Körper aufzeigt. Die folgenden Inhalte, Fragen und Impulse sind Bewusstseinsanspitzer, damit das eigene Energieverhalten besser verstanden wird und um zu einem Weg zur Gesundheitsförderung und zu mehr Möglichkeiten zu gelangen.
Wir wissen, dass jeder Weg mit dem ersten Schritt anfängt, die Bewältigung des Burnouts ist ein Prozess und kein An-Aus-Schalter. Um den ersten Schritt machen zu können, müssen Sie Ihre Auslöser von Belastungen kennen und verstehen lernen. Im zweiten Schritt wollen wir uns mit Maßnahmen und Strategien sowie Bewältigungsmöglichkeiten beschäftigen, bevor wir uns dann den präventiven Möglichkeiten und Ausgleichsfunktionen zuwenden können.

Bestimmte körperliche Symptome unseres Körpers sind Warnsignale und Alarmrufe der Seele. Physiologische Messgeräte geben Hinweise auf den Alarmzustand des Körpers.
Häufig genug hören wir von gestressten Managern, die sich im Termindreisprung zwischen Meetings, Mails und Mega-Projekten bewegen und dann durch den Spagat zwischen beruflichen und privaten Anforderungen im Migräneanfall die Grätsche machen.
Grundsätzlich weiß unser Körper sehr genau, wann sein Gleichgewicht gestört ist. Um diese Balance zu erhalten,

müssen wir gut in uns hineinhorchen, um die feinen seismografischen Anzeichen auf der nach oben offenen Richterskala zu hören und zu verstehen. Diese Anzeichen teilen uns über Symptome mit, wenn es Hinweise auf Störungen des Energiegleichgewichts gibt.

> Der Körper sendet uns anfangs leise und dezente, später immer deutlichere Signale.

Von den in Symptomen übersandten Botschaften können wir eine Menge über unsere derzeitige Lebenssituation lernen. Gegebenenfalls müssen wir unsere Lebensführung verändern, um nicht mittel- bis langfristig aus der Balance zu geraten.

Starke Symptome, wie zum Beispiel Schmerzen, sind SOS-Signale. In der Traditionellen Chinesischen Medizin werden die Schmerzen als Schrei des Körpers nach Fließenergie beschrieben. Die energetische Blockierung führt zu den Schmerzen. Der Schmerz ist das körperlich wahrnehmbare äußere Zeichen eines tiefen psychischen inneren Zustands. Die Seele kann sich nur über unseren Körper ausdrücken.

Die SOS-Signale sind wie das Rasseln eines Weckers, sie sind ein Lebens-Wachmacher und Anspitzer zur Bewusstseins-Schärfung, dass etwas nicht in Ordnung – energetisch aus der Balance – ist. Insofern liegt in jeder SOS-Botschaft auch eine kreative Chance für eine Veränderung.

SOS heißt „Save our souls". Wir müssen diese Signale ernst nehmen und unseren Körper gut behandeln, damit sich unsere Seele darin wohlfühlen kann.

Wenn die Wirbelsäule bei ständigen Rückenschmerzen zur Notrufsäule wird, ist dies ein Zeichen, dass Sie etwas nicht mehr ertragen können. Sie sollten unbedingt handeln.

Nach der östlichen Wissenschaftstheorie ist Burnout – entsprechend der leitenden Phänomenologie von Feuer und Leere – eine Yin-Leere, wie sie auch nach schweren Krankheiten oder einem langwierigen Verlauf einer zehrenden Krankheit bekannt ist. Diagnostisch hilfreich sind alle Symptome, die wir an uns selbst wahrnehmen, denn sie zeigen uns den Weg für die Weiterentwicklung.

Dem Burnout-Syndrom lassen sich auch in der Traditionellen Chinesischen Medizin (TCM) gewisse Zuordnungen zu den Funktionskreisen finden:

Symptom	Funktionskreis
Trauer	Lunge/Dickdarm
Depressivität	Milz/Magen
Vermehrte oder verminderte Aggression	Leber/Galle
Angst, Unruhe, Hektik und Rastlosigkeit	Herz/Dünndarm
Geknickte Haltung mit Zeichen der innerlichen oder äußerlichen Auszehrung	Blase/Niere

Das energetische Gleichgewicht ist individuell unterschiedlich. Sie sind der Spezialist Ihres Körpers und Ihrer Lebensführung. Sie müssen als Manager Ihres „inneren Unternehmens" mit allen Energiereserven durch den Alltag des Lebens manövrieren.

Überprüfen Sie sich selbst und rekapitulieren Sie:
Welche SOS-Signale habe ich in den letzten zehn Wochen in meinem Körper wahrgenommen?

- _____
- _____
- _____
- _____
- _____

Nehmen Sie Erschöpfungszustände, permanente Müdigkeit und Schlafstörungen ernst, sie sind wirkliche Energievampire und Stressoren par excellence. Wir brauchen den Schlaf als eine Erholung nach Plan, um unsere Energiebatterie wieder aufladen zu können. Bei Schlafmangel kommt es zu negativen Auswirkungen der Regenerationsfähigkeit, des Energiehaushalts, der Stresstoleranz und Fehleranfälligkeit.

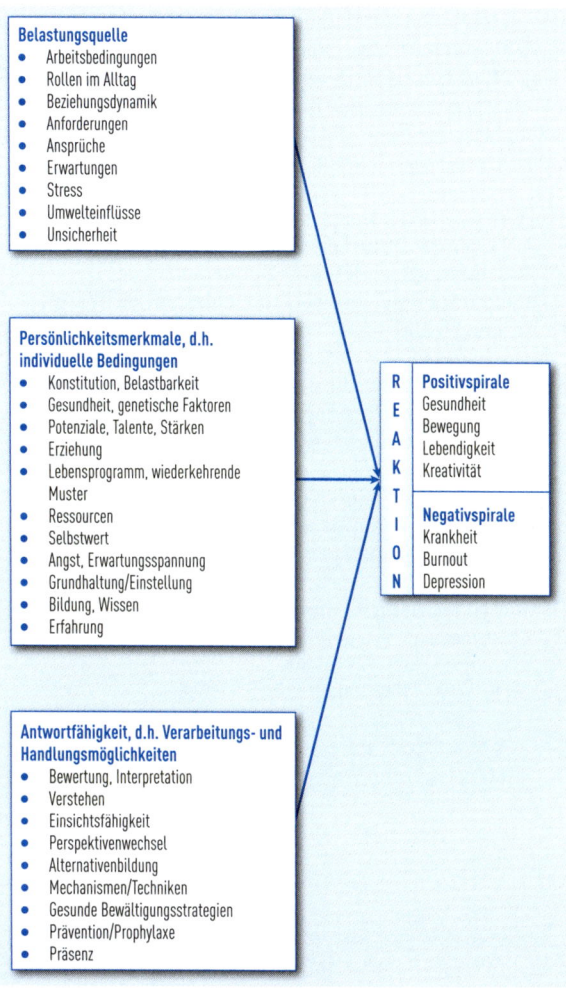

Belastungsquelle
- Arbeitsbedingungen
- Rollen im Alltag
- Beziehungsdynamik
- Anforderungen
- Ansprüche
- Erwartungen
- Stress
- Umwelteinflüsse
- Unsicherheit

Persönlichkeitsmerkmale, d.h. individuelle Bedingungen
- Konstitution, Belastbarkeit
- Gesundheit, genetische Faktoren
- Potenziale, Talente, Stärken
- Erziehung
- Lebensprogramm, wiederkehrende Muster
- Ressourcen
- Selbstwert
- Angst, Erwartungsspannung
- Grundhaltung/Einstellung
- Bildung, Wissen
- Erfahrung

REAKTION

Positivspirale
Gesundheit
Bewegung
Lebendigkeit
Kreativität

Negativspirale
Krankheit
Burnout
Depression

Antwortfähigkeit, d.h. Verarbeitungs- und Handlungsmöglichkeiten
- Bewertung, Interpretation
- Verstehen
- Einsichtsfähigkeit
- Perspektivenwechsel
- Alternativenbildung
- Mechanismen/Techniken
- Gesunde Bewältigungsstrategien
- Prävention/Prophylaxe
- Präsenz

Einflussfaktoren auf die Belastungsbewältigung

Wie nehmen Sie die Wirklichkeit wahr? Und wie treffen Sie Entscheidungen? Das sind die zwei Grundfragen, nach denen Carl Gustav Jung versucht hat, Persönlichkeitsmuster zu erkennen. Unsere Persönlichkeit ist hochkomplex.
Solche Radarsysteme, die helfen, Muster im eigenen Persönlichkeitsprofil zu erkennen, sind hilfreich.

Das Erkennen orientiert sich an drei Schritten:
- Checken Sie Ihre Lebensbatterie und identifizieren Sie Ihre Energiespender und Energieräuber.
- Finden Sie Ihr eigenes Persönlichkeitsprofil heraus.
- Prüfen Sie Ihre Reaktion auf Belastungen und Stress.

Schritt 1: Checken Sie die Batterie Ihrer Lebensenergie.
Definieren Sie, welche Lebensbereiche Sie als Energiegewinn empfinden und welche Ihnen Energie abziehen.
- Stellen Sie sich hierzu vor, die Ihnen zur Verfügung stehende (Lebens-)Energie wäre in einer Energiewanne gespeichert. Bestimmen Sie für sich als Erstes, wie voll Ihre Energiewanne mit Lebensenergie gefüllt ist.

Definieren Sie dann all die Punkte, die dazu beitragen, dass die Energiewanne gut gefüllt ist.

Folgende Dinge geben mir persönlich Energie:

- _____
- _____
- _____
- _____
- _____

Definieren Sie nun alle Punkte, die dazu beitragen, dass aus Ihrer Energiewanne Energie abfließt, sodass Sie Lebenskraft verlieren. Denken Sie beispielsweise an Ihre persönliche Einstellung und Ihre Ansprüche, Fremd- und Selbstausbeutung, Ihre Erwartungen gegenüber anderen und sich selbst, permanente Hektik, Unordnung, Unorganisiertheit, Kritik der anderen, Zielkonflikte, Rollenkonflikte und Konflikte überhaupt, Angst, alle Formen der Verleugnung, Überforderung.

Folgende Dinge ziehen mir persönlich Energie ab:

- _____
- _____
- _____
- _____
- _____

Je mehr Faktoren Sie finden, die Ihnen Energie abziehen, desto eher müssen Sie etwas ändern – sich selbst, Ihre Einstellung, Ihre Erwartungen, die Situation, oder Sie müssen etwas Anderes machen.

Schritt 2: Finden Sie Ihr eigenes Persönlichkeitsprofil heraus. Dabei kann Ihnen die ausführliche und praktische Beschreibung der Jung'schen Persönlichkeitstheorie helfen (Bents/ Blank 1995). Wenn Sie es präzise wissen wollen, hilft Ihnen eine Selbsteinschätzung mit dem „Golden Profiler of Personality (GPOP)" – ein Verfahren, das von zertifizierten Beratern eingesetzt wird.

Schritt 3: Reflektieren Sie, wie Sie auf Belastungen reagieren. Belastungen, Hektik und Stress entwickeln sich dynamisch. Wenn wir unsere Komfortzone verlassen, zeigen sich unsere individuellen Muster. Was Sie selbst als „kontrollierten Stress" erfahren und noch zu einem gewissen Grad selbst steuern können, entwickelt sich – wenn keine Intervention erfolgt – allmählich zu unkontrollierten Verhaltensweisen, die ins Burnout führen können.

Wenn ich mich maximal belastet fühle und unter Hektik, Druck und Stress leide, fühle ich mich ...

• _____

• _____

• _____

• _____

Die Intensität des Erlebens von Belastungen und Stress hängt jedoch neben der Bewertung und der Anzahl des Auftretens sowie dessen Dauer und Stärke vor allem davon ab, welche Erfahrungen Sie in einer ähnlichen Situation gemacht haben. Ihre Bewertung und Handlung werden maßgeblich davon bestimmt.

Die Energiespender und -räuber sind bei jedem anders und unterschiedlich. Anhand Ihrer Auflistung können Sie sich bewusst machen, was Sie blockiert und damit weiter in den unkontrollierbaren Stress sacken lässt und was Sie antreibt und Kräfte freisetzt, um sich aus dem gefährlichen Stress-Sog gezielt herauszubewegen.

Durch die Auflistung erhalten Sie praktische Antworten auf Fragen wie:

• Was sind die idealen Rahmenbedingungen, die ich benötige, um nachhaltig hohe Leistung bringen zu können?
• Welche Rahmenbedingungen sollte ich unbedingt ausschalten, weil sie eine leistungsmindernde Wirkung auf mich ausüben?

Und sie bietet darüber hinaus Unterstützung bei Beantwortung von Fragen wie:

• Wie kann ich mich vor Selbst- und Fremdausbeutung schützen?

- Wie gestalte ich mein Arbeitsumfeld so, dass ich die Ziele, die ich mir gesteckt habe, mit dem geringsten Kräfteaufwand erreiche?
- Wie kann ich sicherstellen, dass ich das, was ich gesagt (mir vorgenommen) habe, auch wirklich umsetze?

Weil jeder Mensch unterschiedlich ist, lohnt es sich, über sich selbst nachzudenken. Was motiviert Sie und macht Ihnen Spaß? Was demotiviert Sie und zieht Ihnen Energie ab? Was ist wirklich wichtig?

Sie bekommen Ihre Gesundheit geschenkt – dennoch ist sie unbezahlbar, wenn Sie einmal krank sind. Daher ist es Ihre Aufgabe, Ihre Gesundheit auf die höchste Stelle Ihrer Prioritätenliste zu setzen. Gerade für Ihre Arbeit sind Sie auf Ihre Gesundheit angewiesen. Im Augenblick haben Sie nur dieses eine Leben. Und während Ihres Lebens investieren Sie eine Menge Zeit in Ihre Arbeit.

> Daher ist es höchste Zeit, sich Gedanken zu machen, ob Sie während der Arbeit gut mit sich selbst umgehen oder Ihre Gesundheit zu wenig beachten.

Überarbeitung, Überanstrengung, zu hohe Erwartungen, unerfülltes Sehnen, eine illusionäre Verkennung der Wirklichkeit und eine Überschätzung der eigenen Energien sind maßgebliche Säulen des Burnouts. Das Problem ist, dass Kopfschmerzen, Magenschmerzen, Nackenverspannungen oder Aggressivität von den Betroffenen oft nicht als Signale des Körpers ernst genommen und/oder nicht dem Phänomen Stress zugeordnet werden. So gehen viele Menschen wöchentlich zur Massage oder nehmen Medikamente gegen eine Magenschleimhautentzündung ein, ändern aber nichts an der Burnout-auslösenden Situation.

Die körperlichen Reaktionen lassen sich auf vier Ebenen beobachten, die sich gegenseitig beeinflussen und hochschaukeln können:
- Die emotionale Ebene charakterisiert alle Gefühle,

Stimmungen und Befindlichkeiten. Diese zeigen sich zum Beispiel durch

- Jammer-Attitüden und Negativeinstellung,
- Nervosität und Gereiztheit,
- Angst, Unsicherheit,
- depressive Verstimmungen und Gemütsschwankungen,
- Wut und Aggressivität,
- Veränderung des Selbstwertgefühls,
- Hilflosigkeit,
- Depression bis hin zur Apathie.

- Die kognitive Ebene umfasst die geistig-rationalen Dimensionen wie Denk- und Wahrnehmungsprozesse. Die Wahrnehmung ist eingeschränkt auf die Reize, die durch Belastungen, Hektik, Stress und Druck ausgelöst wurden. Es finden sich folgende Symptome:
  - Schwierigkeiten der Merkfähigkeit und Wortfindungsstörungen,
  - Blackouts (Prüfungssituation!),
  - Denkblockaden und Gedächtnisstörungen,
  - sich im Kreise drehende Gedanken,
  - Konzentrationsstörungen,
  - Scheuklappeneffekt durch die eingeschränkte Wahrnehmung,
  - Albträume.

- Hormonelle Reaktionen sowie Reaktionen des vegetativen Nervensystem und der verbundenen Organe betreffen die vegetativ-hormonelle Ebene. Sie beschreibt all die Reaktionen, die nicht willkürlich kontrollierbar sind. Stellen Sie sich einfach vor, Sie sollen bei einem Kongress vor sehr vielen Menschen einen Vortrag halten. Oder Sie vermuten, dass Ihr Chef Sie sprechen will, weil einige Mitarbeiter wegen schlechter Umsatzzahlen entlassen werden müssen und Sie vielleicht dazugehören könnten. Kennen Sie folgende Reaktionen?

- trockener Mund,
- Kloß oder Frosch im Hals,
- flaues Gefühl in der Magengegend bis hin zu Übelkeit mit Erbrechen und Durchfall,
- Magenschleimhautentzündungen und Magen-Darm-Geschwüre,
- weiche Knie, als wenn der Boden unter den Füßen verschwindet,
- Herzklopfen, Herzrhythmusstörungen,
- Schwitzen (Hände, Körper, ...),
- Kurzatmigkeit,
- Schwindelanfälle.

- Durch die Anspannungssituation kann es auch leicht zu Verspannungen der Skelettmuskulatur kommen, die der willkürlichen Kontrolle unterliegt. Diese muskuläre Ebene betrifft vor allem folgende Reaktionen:
  - Kieferprobleme (Kauen am Problem) und Zähneknirschen,
  - Wippen von Füßen und Beinen,
  - Nackenverspannungen,
  - Rückenschmerzen,
  - Spannungskopfschmerz,
  - Zucken des Lidwinkels oder anderer Körperteile.

Natürlich gibt es unzählige Verknüpfungen der jeweiligen Ebenen. Die Infektanfälligkeit finden wir häufig bei Burnout-Bedrohten. Bei ihnen kommt es zu einer Schwächung des Immunsystems über die neuro-hormonell-emotional-immunologische Achse. So entwickeln viele Burnout-Patienten eine chronische Bronchitis oder eine chronische Nebenhöhlenentzündung, die trotz Antibiotika nicht richtig ausheilt.

Um Ihre Gesundheit zu schützen und die eigene Burnout-Gefährdung zu senken, ist es daher wichtig, rechtzeitig die Signale zu erkennen.

Prüfen Sie also genau, wann solche Symptome auftreten und wann Sie hingegen nicht unter diesen Symptomen leiden und sich richtig wohl fühlen.

Gefährdet Ihre Arbeit Ihre Gesundheit?

Arbeit macht Spaß oder krank – unter diesem Motto müssen wir unsere Arbeit neu bewerten. Dauerbelastungen, Hektik, Druck, vermehrter Stress, Angst und Verunsicherung können nicht zu Höchstleistungen der Mitarbeiter führen – im Gegenteil: Die immer stärker unter Druck gesetzten Mitarbeiter reagieren in ihrem „inneren Unternehmen" mit Bluthochdruck, der Stress schlägt auf den Magen-Darm-Trakt und die Anspannung und Arbeitslast führen zu unerträglichen Nacken- und Rückenleiden. Immer häufiger berichten Menschen in Coaching-Sitzungen über Schlaflosigkeit, Konzentrationsstörungen, Ohrgeräusche und depressive Verstimmungen.

Arbeit, Arbeit über alles – Workaholics im Management trifft man immer häufiger in den Unternehmen, quer durch alle Sparten und Branchen. In Japan ist „Karoshi" – das Sich-zu-Tode-Arbeiten – verbreitet.

> Das Schlimme daran ist, dass Arbeitssüchtige nicht als Kranke gesehen werden, sondern als besonders leistungswillig, ehrgeizig und daher förderungswürdig eingeschätzt werden.

Insbesondere flexible Arbeitszeiten führen dazu, dass Menschen rund um die Uhr arbeiten sollen – zumindest immer und zu jeder Zeit erreichbar sein müssen. Doch den immer verfügbaren nicht anonymen Workaholics droht ein Burnout, wenn sie sich abrackern, ohne auf sich selbst und die eigene Gesundheit zu achten.

Das Mobbing nimmt in Unternehmen auch dramatisch zu. Insbesondere in Zeiten des Umbruchs, zum Beispiel bei

Reorganisationen von Abteilungen und Firmenfusionen, ändern sich Rollen und Positionen in den Abteilungen. Dadurch ändern sich auch Ablauforganisation und Aufstiegs- und Überlebenschancen – der ideale Nährboden für Mobbing. So wird die Arbeit schnell zum Überlebenskampf.

Das Spektrum der psychischen Folterinstrumente, wie sich Mobbing äußern kann, ist vielfältig (vgl. Schröder 2004). Grundsätzlich handelt es sich beim Mobbing um negative kommunikative Handlungen gegen eine Person analog einer Täter-Opfer-Beziehung, die sich durch systematische Schikanen, Erniedrigungen durch Beleidigung, Gerüchte oder Isolation bis hin zu körperlicher Gewalt äußern kann.

Nur wenn Sie gesund sind, können Sie als Mitarbeiter zur Wertschöpfung und Profitabilität des eigenen „inneren Unternehmens" und des Unternehmens, in dem Sie arbeiten, beitragen.
Daher spielt der Kostenfaktor von Burnout sowie dessen Auswirkungen auf die Produktivitäts- und Motivationsverluste in Organisationen eine große Rolle.

> Burnout ist daher nicht nur ein Problem einzelner Mitarbeiter, sondern auch des Unternehmens.

Der Umgang mit Konflikten

Konflikte zählen zu den ganz normalen Begleiterscheinungen im Leben – beruflich und privat. „Wo gehobelt wird, fallen Späne", heißt es nicht nur im Handwerk. Überall dort, wo Menschen mit unterschiedlichen Einstellungen, Werten, Erwartungen und Zielen aufeinandertreffen, sind Unterschiede in Vorstellungen, Meinungsverschiedenheiten, Missverständnisse und Streitereien kaum zu vermeiden. Doch Konflikte sind Energieräuber, die auch dazu beitragen können, dass sich der Weg in die Abwärtsspirale des Burnouts beschleunigt.

Wozu sind Konflikte gut? Konflikte sind ein Indikator dafür, dass etwas mit dem Status quo nicht (mehr) stimmt. Positiv formuliert sind Konflikte eine Art Entwicklungshelfer innerhalb eines Prozesses. „Management means choice", sagte neulich ein Partner einer internationalen Strategieberatungsfirma. Ständig müssen Sie sich entscheiden, was Sie jetzt tun. Dabei entscheiden Sie sich bewusst für die eine und gegen die andere Möglichkeit.

In vielen Betrieben betrachten Mitarbeiter Konflikte als aufreibende und störende Elemente des Arbeitsalltags, die sie davon abhalten, einen „ruhigen" Arbeitstag zu haben. Oftmals geben Konflikte Hinweise darauf, dass der eingeschlagene Weg noch nicht der richtige ist. Das Gute an Konflikten ist, dass sie den Schlüssel zur Lösung bereits in sich tragen. Das heißt, dass wir jede Art von Konflikt eigentlich als eine Art Wachstumsindikator in Richtung Ziel auffassen dürfen, welches Sie im Projekt ein Stückchen weiter zur effektiven Lösung bringt – unter der Voraussetzung, dass es gelingt, den Konflikt sinnvoll zu lösen.

Welche Arten von Konflikten gibt es?

Wir unterscheiden drei Arten von Konflikten:
1. Intrapersonale Konflikte
Diese Art von Konflikt spielt sich innerhalb einer Person ab. Angenommen, Sie stehen vor einer wichtigen Entscheidung. Es kann sein, dass Sie trotz sorgfältiger Abwägung der Vor- und Nachteile sich nicht klar entscheiden können. Hierbei können Unsicherheit, Selbstzweifel aufkommen.

2. Interpersonale Konflikte
Interpersonale Konflikte entstehen, wenn zwei oder mehr Menschen Probleme miteinander haben. Oftmals werden innere, also intrapersonale Konflikte auf andere Personen übertragen. Ein Beispiel dafür ist, dass jemand, der in seiner Arbeit hochgradig frustriert ist, zum Beispiel seinen Chef

oder die Firma dafür verantwortlich macht. In Unternehmen kommt es vor, dass sich zwei Mitarbeiter überhaupt nicht „riechen" können. Die möglichen Folgen jedoch für eine Abteilung oder eine Firma können verheerend sein, wenn beide für den Praxiserfolg nicht an einem Strang ziehen.

3. Konflikte in oder zwischen Gruppen

Bei Problemen und Konflikten in und zwischen Gruppen spielen organisationsspezifische Dinge eine große Rolle. Stellen Sie sich vor, dass eine Reorganisation im Betrieb, in dem Sie arbeiten, dazu führt, dass Aufgaben neu und anders verteilt werden. Wenn dann dazu noch die Mitarbeiter ausgetauscht werden, kann dies neben Unsicherheit und Angst auch zu Konflikten führen. Der Zusammenhalt der Mitarbeiter kann schnell ins Gegenteil umschlagen.

Im ersten Schritt geht es darum, den Konflikt überhaupt zu erkennen. Um diesen richtig einschätzen zu können, bedarf es einer offenen und differenzierten Wahrnehmung, genügender Informationen und ausreichender Kommunikation. Herausforderungen beginnen meist damit, dass unterschiedliche Informationen unterschiedlich beurteilt und interpretiert werden.

Um nicht in die „Beurteilungsfalle" zu laufen, ist es daher wichtig, den „Streithähnen" im Konflikt vorurteilsfrei zuzuhören. Es ist wichtig, die Unterschiedlichkeit der Motive, Bedürfnisse, Wertvorstellungen und Ziele, die Rollen und Erwartungen zu klären. Schwierige zwischenmenschliche Beziehungen zu klären, ist nicht die primäre Aufgabe eines Vorgesetzten. Sehr wohl können diese aber den Erfolg der Abteilung torpedieren.

Dem Vorgesetzten kommt die Rolle des aufmerksamen Beobachters zu, der Maßnahmen veranlassen kann. Beispielsweise kann es sinnvoll sein, gemeinsam mit den Mitarbeitern nach Wegen zu suchen, wie dieser Konflikt sinnvoll beigelegt werden kann.

Lösungsmöglichkeiten für Konflikte

- Vermeiden von Konflikten
- Bekämpfen von Konflikten
- Raum geben und konstruktiv lösen

Wer meint, dass er den Konflikt dadurch löst, dass er dem Konfliktpartner aus dem Weg geht, diesen beschwichtigt oder mit Druck begegnet, wird vom nächsten Streit schnell eingeholt werden. Druck erzeugt immer Gegendruck. Die Kunst ist es nicht, Konflikte zu vermeiden oder sie zu bekämpfen, sondern sie konstruktiv zu einem neuen und anderen Ergebnis zu führen. Das Wichtigste dabei ist, die Herausforderung anzunehmen und die körperlich übermittelten Informationen zu verstehen.

Konflikte werden nicht dadurch als belastend empfunden, dass es sich um rein sachliche Dimensionen handelt, sondern erst dadurch, dass Emotionen wie Ärger, Wut, Angst, unerfüllte Erwartungen, ungeklärte Rollen, Enttäuschungen, Resignation und Verzweiflung zum Problem werden. Im Themenkreis von Burnout kommt der Kommunikation daher eine besondere Bedeutung zu. Fakt ist, dass das Verhalten von Menschen nur zu zehn Prozent durch den Kopf und zu 90 Prozent durch den Bauch – also die Gefühlsebene – entschieden wird. Für den Umgang mit Konflikten bedeutet dies im Arbeitsalltag konkret, auf der Beziehungsebene besser spielen und mit ihr umgehen zu können.

Ein guter Indikator, um die Gefühlsdimension in der Beziehung zu messen, sind die Beobachtung des eigenen und des Verhaltens Ihres Gegenübers und/oder des Arbeitsteams. Folgende Hinweise mögen Ihnen eine Hilfestellung bieten:

Checkliste mit Indikatoren der Gefühlsdimension

Indikator	Schlechte Reaktion / Handlung	Gute Reaktion	Persönliche Bewertung
Wachsamkeit	Ich bin müde.	Ich bin hellwach.	
Stimmung	Ich habe schlechte Laune.	Ich bin gut gelaunt.	
Stress	Ich fühle mich total gestresst.	Ich bin entspannt und gelassen.	
Wutbarometer	Ich bin wütend.	Ich freue mich.	
Unter- und Überforderung	Ich fühle mich über- oder unterfordert.	Ich bin im Flow.	
Autorität	Ich brülle herum.	Ich führe durch Gestaltung.	
Verantwortung	Mir ist alles egal.	Ich bin aktiv.	
Motivation	Ich bin energetisch am Ende.	Ich bin bis in die Haarspitzen motiviert.	
Angst/Mut	Ich habe Angst.	Ich bin mutig.	
Erwartungen	Meine Erwartungen sind enttäuscht.	Meine Erwartung sind voll erfüllt.	
Sympathie gegenüber dem/den anderen	Mein Gegenüber ist mir unsympathisch.	Mein Gegenüber ist mir sehr sympathisch.	
Kompetenz des Gegenübers	Meinem Gesprächspartner traue ich wenig oder nichts zu.	Meinem Gesprächspartner vertraue ich.	
Gefälle	Mein Gegenüber erscheint mir übermächtig / unterwürfig.	Wir kommunizieren auf Augenhöhe.	

Und wie ist das bei Ihnen?

Auf den Punkt gebracht:

- Burnout und Persönlichkeit sind eng korreliert.

- Bestimmte körperliche Symptome unseres Körpers sind Warnsignale und Alarmrufe der Seele.

- Der Körper sendet uns anfangs leise und dezente, später immer deutlichere Signale.

- Die körperlichen Reaktionen lassen sich auf vier Ebenen beobachten, und zwar auf der emotionalen, der kognitiven, der vegetativ-hormonellen und der muskulären Ebene. Diese Ebenen können sich gegenseitig beeinflussen und hochschaukeln.

- Wichtig ist, dass wir an unserer eigenen Wertschöpfung und Produktivität arbeiten und dabei die Gesundheit gezielt fördern.

- Um die Gesundheit zu schützen und die eigene Burnout-Gefährdung zu senken, ist es wichtig, recht- zeitig die Signale zu erkennen.

- Der Burnout-Indikator ermöglicht eine Selbstbewertung Ihrer persönlichen Burnout-Gefährdung.

- Der Prozess der Belastungsbewältigung ist von den Persönlichkeitsmerkmalen, der individuellen Bewertung sowie der Antwortfähigkeit und den Handlungsmöglichkeiten abhängig.

- Um sich selbst besser zu erkennen, sind drei Dinge sinnvoll: Checken Sie Ihre Lebensbatterie und identifizieren Sie Ihre Energiespender und -sauger, finden Sie Ihr eigenes Perönlichkeitsprofil heraus und prüfen Sie Ihre Reaktion auf Belastungen und Stress.

3 Sechs-Phasen-Modell des persönlichen Turnarounds

„Der Mensch ist aufgefordert, aus sich selbst das zu machen, was er werden soll, um sein Schicksal zu erfüllen." (Paul Tillich)

Da es keine „Anti-Burnout-Pille" gibt, werden wir uns in diesem Kapitel mit individuell adaptierbaren Bewältigungs-strategien beschäftigen. Mit Instrumenten und Impulsen wollen wir Möglichkeitsräume für einen für Sie passenden und situationsgerechten Lösungsansatz zum Umgang mit Ihren Lebensherausforderungen aufzeigen.

Auf Basis der Beispiele, Tipps und Übungen können Sie Ihren eigenen Lösungsweg entdecken, entwickeln, erfahren und erspüren. Durch Zugangswege für Interventionsmöglich-keiten und Re-Balancing-Integrations-Konzepte lassen sich konkrete Schritte zur Bewältigung von Burnout gehen.

Die Ursache für das Burnout-Syndrom liegt nur bedingt im Außen durch Umstände, Stress und Belastungen, sondern meistens in uns selbst.

> Die Schaltzentrale für Ihre Verhaltenssteuerung sind Sie selbst.

Es gibt kein Standardrezept zum Umgang mit Belastungen, Hektik, Druck und sich selbst. Wir alle sind unterschiedlich in unserem Persönlichkeitsprofil, geprägt durch Umfeld, Er-ziehung, Kultur, Erfahrung, Wissen und Einstellung. Beim Burnout kommen ein nicht erfülltes Sehnen und eine illusio-näre Verkennung der Wirklichkeit, die damit verbundenen Enttäuschungen und die daraus resultierenden Verhaltens-muster hinzu.

Da wir Belastungssituationen individuell unterschiedlich bewerten und empfinden, bedürfen sie auch individuell maßgeschneiderter Bewältigungsstrategien und Maßnahmenbündel, um wirklich effizient zu sein.

Nach unseren Erfahrungen im Coaching mit Menschen im Burnout arbeiten wir mit einem modular maßgeschneiderten Transformationskonzept für den persönlichen Turnaround, welcher aus sechs Phasen besteht und einem integralen Ansatz Rechnung trägt.
Bei diesem Re-Balancing-Integrations-Konzept geht es weniger um eine Veränderung, sondern um eine Förderung der individuellen Persönlichkeitsentwicklung. Der Unterschied ist gewaltig: Während Veränderung meist von außen ansetzt (extrinsische Motivation), findet Entwicklung von innen statt (intrinsische Motivation).
Hierbei haben wir aus den Erfahrungen mit vielen Führungskräften im Einzel- und Teamcoaching sowie im Gesundheitsmanagement besonderen Wert auf die Klärung gelegt, wie der Burnout-Zyklus effektiv verlassen werden kann und welche Wege es gibt, um nicht wieder in diesen Abwärtsstrudel zu geraten.
In der spezifischen Literatur des Burnouts werden häufig technische Metaphern verwendet. Da es sich jedoch um seelisch-körperliche Dimensionen handelt, wird hier bewusst auf technische Vokabeln verzichtet.

Folgende sechs Phasen unterscheiden wir in dem Modell des persönlichen Turnarounds:

- Ent-Lastung
  Die Aspekte: Distanz schaffen, raus aus der Negativspirale, Ressourcen aufbauen, Verbündete suchen.
- Ent-Täuschung
  Die Aspekte: Rücknahme der Verleugnung, akzeptieren der Selbst-Täuschung und der Realität, verstehen, erfahren, erspüren, fühlen.

- Ent-Deckung
  Die Aspekte: Bewusstmachen und -werden; Orientierung; Blickwinkel ändern; Erzeugen einer neuen Wirklichkeit; Vision, Mission, Ankopplung an eigenen Sinn und Werte.
- Ent-Scheidung
  Die Aspekte: Vorbereitung der Verhaltensänderung; zu sich selbst stehen; authentisch sein; Neuausrichung; kybernetische Hebel für Veränderung; Einstellung und Verhalten ändern; eigenes Anspruchsniveau reduzieren; Commitment für sich selbst geben.
- Ent-Faltung
  Die Aspekte: Handlung/Umsetzung/Integration; Strategie entwickeln; konkrete Maßnahmen aufsetzen; Eigenverantwortung übernehmen; erste Schritte in den neuen Räumen gehen lernen; persönlichen Aktionsradius vergrößern.
- Ent-Spannung
  Die Aspekte: Feiern des Neuen; Entspannungsverfahren und Meditation; Leichtigkeit, Achtsamkeit, Gelassenheit, Spaß haben, Hobbys pflegen; Zeit für sich selbst nehmen und in der eigenen Zeit arbeiten; Auswertung.

Alle Maßnahmen bedürfen einer individuellen Anpassung; Checklisten, Leitlinien und Vorschriften mit Verhaltensanweisungen „Machen Sie dies ..." oder „Machen Sie das ..." greifen zu kurz und können nur Anhaltspunkte und Anregungen geben.

Nach unseren Erfahrungen reichen intellektuell-kognitive Ansätze nicht aus, um Verhalten von außen wirklich zu ändern. Vom Verstand her begreifen alle Menschen, die sich auf ein Burnout zubewegen, die Notwendigkeit, etwas zu ändern. Doch eine Neuausrichtung wird erst dann nachhaltig erfolgreich sein, wenn sie im Einklang mit den persönlichen Potenzialen, Wertvorstellungen, der individuellen Lebensvision und der Anbindung an das Bauchgefühl entwickelt und gelebt wird. Und das funktioniert nur von innen.

Gerade bei Burnout geht es darum, aus der eigenen Mitte sein eigenes Leben neu zu führen – und „führen" ist ein aktiver Begriff, der Selbstverantwortung erfordert, um den persönlichen inneren Weg zur Essenz, Liebe, Friede, Stille und Klarheit für das eigene Leben zu finden.

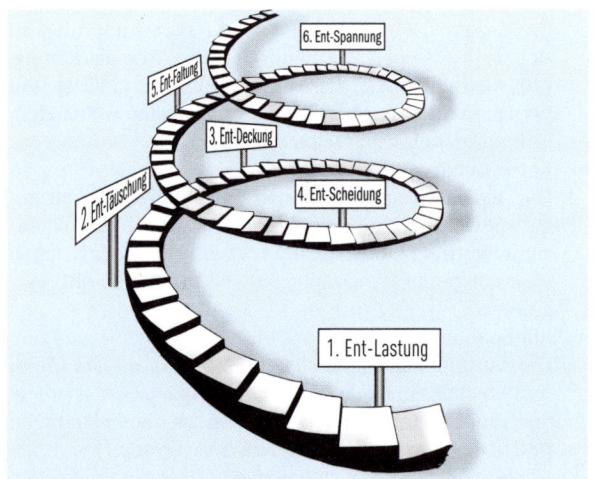

Sechs-Phasen-Modell des persönlichen Turnarounds

Die Maßnahmen zur Bewältigung Ihrer Überforderungssymptomatik sollen ganzheitlich dazu beitragen, eine Balance und Integration mit Hilfe von Lösungsmechanismen und Instrumenten neu und anders zu ermöglichen.
Es kommt wesentlich auf die eingenommene Perspektive an: Die Frage lautet nicht „Warum habe ich Burnout-Symptome?", sondern „Wie lebe ich meinen Werten entsprechend authentisch, glücklich und in der mir eigenen Zeit?".

Ent-Lastung, Distanz und das Aufbauen von Ressourcen

„Wir leben hier und heute. Alles, was über dieses Wissen hinausgeht, ist fauler Zauber." (H. L. Mencken)

Darum geht es

In dieser Phase geht es darum, eine Distanz zu der Situation zu schaffen, die Sie in den Burnout-Strudel gebracht hat. Nach dem notwendigen Abstand sollen dann in der Regenerationsphase Ressourcen aufgebaut und Ihre Gesundheit gestärkt und gefördert werden.

Konkrete Maßnahmen

Distanz

Als akute Sofortmaßnahme zum „Brandschutz" bei beginnendem Ausbrennen ist es wichtig, dass Sie die Kupplung treten, bevor der „innere Motor" Schaden nimmt:

- Raus aus dem Hamsterrad: Nehmen Sie Abstand von der Belastungssituation und schaffen Sie Distanz zu Ihren Belastungen und allen Dingen, die Ihnen Energie abziehen. Am besten wäre es, sofort Urlaub zu nehmen.
- Falls Sie wirklich ernsthafte Anzeichen einer späten Phase des Burnouts festgestellt haben und krank sind, gehen Sie zum Hausarzt Ihres Vertrauens und lassen Sie sich krankschreiben.

  Die Bewältigung des Burnouts ist ein Prozess und kein An-aus-Schalter. Seien Sie geduldig mit sich selbst und setzen Sie sich nicht unter Zeitdruck.

Durch das Treten der Kupplung Ihres „inneren Motors" erreichen Sie, dass die Belastung sofort von Ihnen genommen wird. Die innerlichen Erregungsspitzen in Form von Wut, Aggression, Angst werden gebremst. Zudem wird verhindert, dass Sie noch tiefer in den Burnout-Strudel hineinschliddern.

Durch den Abstand gelingt Ihnen eine bessere und klarere Bewertung der Situation.

Da sich das Burnout-Syndrom schleichend über einen längeren Zeitraum einstellt, brauchen Bewältigungsmaßnahmen auch ihre Zeit. Insbesondere persönliche Veränderungen und die Weiterentwicklung dürfen nicht durch Ungeduld und Erfolgsdruck torpediert werden.

Da die Bewertung von Belastungs- und Überforderungs-Situationen individuell verschieden ist und tageszeitlich schwankt, müssen Sie eine nach Ihren Bedürfnissen, Fähigkeiten und Möglichkeiten adäquate Sofortmaßnahme einleiten. Hierzu ein paar kleine Tipps:

- Reality-Check: Wie stark ist die Gefährdung? Wie steht es um Ihre Gesundheit? Welche Symptome haben Sie bei sich selbst wahrgenommen?
- Achten Sie auf Ihre eigene Körperwahrnehmung und trauen Sie Ihrer Intuition und Ihrem Bauchgefühl.
- Effektive Methoden und Instrumente des Selbstmanagements können Ihnen helfen, besser mit Belastungen und sich selbst umzugehen.
- Die Lösung liegt oftmals nicht auf der Ebene, auf der das Problem begonnen hat. So ist ein Verlassen eines Gedankenkreises oft nicht über den Kopf, sondern nur über die Körperwahrnehmung möglich und sehr effizient.

Regeneration – Eigene Ressourcen aufbauen und Gesundheit stärken

Je nach Ausprägung des Burnouts bedarf es der Unterstützung professioneller Personen. Das können Psychotherapeuten, Psychologen, Ärzte, Burnout-Experten, Work-Life-Balance-Coaches oder ähnlich ausgerichtete Therapeuten sein.

Für die Regenerationsphase ist es wichtig, dass Sie Ihre Lebensbatterie durch Stärkung Ihrer Gesundheit und Aufbau von Ressourcen wieder aufladen können. Und diese Erholung und Gesundheitsförderung muss maßgeschneidert sein und braucht Zeit.

Erkundigen Sie sich nach seriösen und erfahrenen Personen und Institutionen auf diesem Gebiet. Manchmal bietet sich auch ein Kur-Aufenthalt oder – in leichten Ausprägungen des Burnouts – ein Wellness-Urlaub an.

Um wieder in die eigene Kraft zu kommen, ist es wichtig, dass Sie Dinge tun, die Ihnen Spaß machen. Zudem ist es empfehlenswert, dass Sie Unterstützung durch Freunde und Ihnen nahestehende Personen bekommen.

Aufspürfragen und Denkanstöße

- Wie kann ich sofort für Entlastung sorgen?
- Wie kann ich am besten Abstand gewinnen?
- Was hilft mir, abschalten zu können?
- Was kann ich jetzt und heute für meine Gesundheit tun?
- Wie kann ich meine Gesundheit mittelfristig fördern und mein Immunsystem stärken?
- Was gibt mir Kraft?
- Was macht mir wirklich Spaß?
- Wer kann mich unterstützen?
- Was mache ich heute?

Ent-Täuschung – Auf Tuchfühlung mit der Seele

„Zweifellos werden wir zu dem, was wir uns vorstellen." (Claude M. Bristol)

Darum geht es

Die Ent-Täuschung ist die nächste Phase. Hier geht es darum, die Selbst-Täuschung durch das Verleugnen zu erkennen und die Ist-Situation im Hier und Jetzt zu akzeptieren.

In dieser Phase streiten viele Menschen ab, dass sie etwas oder sich selbst verändern sollten. Oft wird behauptet, alles sei in Ordnung. Mit Hilfe des Zugangs über den Körper wird über das Erfahren und Erfühlen bei einem weiten Wahrnehmungsfeld ein Neuanfang für die persönliche Weiterentwicklung ermöglicht. Hierbei geht es um ein tiefes Verstehen, Erfahren, Erspüren und Fühlen.

Ein beginnendes Burnout-Syndrom kann der Aufbruch zu neuen Ufern der persönlichen Weiterentwicklung sein – oder zum lebensgefährlichen Absturz führen. Burnout ist eine Art (innerer) Vampir, der uns energetisch aussaugt, wenn eigene Verhaltensweisen nicht Sinn-voll geändert werden.
Bei bewusstem Erkennen der Alarmsymptome können wichtige Voraussetzungen geschaffen werden, um neue Lernerfahrungen zu machen.

Ignorieren und Verleugnen der Symptome jedoch bedeutet einen sicheren Weg in die Lebenskrise.

Konkrete Maßnahmen

Das Jetzt akzeptieren

Wir müssen die aktuelle Situation akzeptieren, so wie sie ist, und ebenso uns selbst, so wie wir sind, und nicht so, wie wir uns gern hätten. Das bedeutet, zu sich zu stehen und die Situation nicht länger zu verleugnen. Wir können nicht gegen uns selbst anrennen. Wir können nicht vor uns selbst weglaufen, da wir uns immer selbst mitnehmen.

Durch das Akzeptieren der Ist-Situation kann eine Erweiterung unseres Bewusst-Seins stattfinden. Zudem lassen sich durch Distanz und Akzeptanz Zusammenhänge besser erkennen und so neue Möglichkeiten eröffnen.

Krisen bieten Chancen für die persönliche Weiterentwicklung, wenn sie als Anlass für eine Neuorientierung und als Auftakt für eine Weiterentwicklung genutzt werden. Immer nur „mehr vom selben" führt nicht in neue produktive Wege

der Weiterentwicklung. Dies bedeutet auch, die Selbstver-
leugnungsmechanismen zu erkennen.

Die Selbstverleugnung ist ein Hauptbestandteil des Burnouts. Mit Hilfe der unterschiedlichen Mechanismen dieser
Selbsttäuschungen gelingt es, die Augen vor der Wirklichkeit
zu verschließen und sich so vor den unangenehmen Gefühlen und Erfahrungen zu schützen.
Bei den verschiedenen Formen dieser Selbsttäuschung wird
eine Barriere zwischen der Person und der Wirklichkeit aufgebaut, damit die Realität verdrängt wird.

Formen der Selbsttäuschung bzw. Selbstverleugnung sind
zum Beispiel:

- Verdrängung/Unterdrückung: Tatsachen werden nicht
  anerkannt oder bewusst unterdrückt.

„Mir geht's gut!"

- Projektion: Schuldzuweisungen beispielsweise verleugnen den eigenen übermäßigen Energieaufwand.

„Wenn ich mich auf Herrn Müller verlassen könnte, müsste ich
nicht alles allein machen."

- Selektives Hören, Sehen, Verstehen und Erinnern: Die
  Vergesslichkeit ist eine Form der Selbstverleugnung.

„Daran kann ich mich überhaupt nicht erinnern."

- Bagatellisierung

„Es ist nicht so schlimm" oder „Das macht nichts"

- Selbstbeschuldigung/Selbstabstempelung: Vorwürfe ziehen nur Energie ab.

> „Ich mache alles falsch" oder „Ich bin nun mal so ein bockiger Arbeitssüchtiger"

- Verschiebung/Ersatzbefriedigung

> Frustkäufe und Süchte (Alkohol, Drogen, Nikotin)

- Vermeidung: Ziele werden nicht mehr verfolgt.

Auf Kosten der eigenen Ziele oder der Karriere werden Konflikte oder Erschöpfungen, Schlaflosigkeit und Krankheiten heruntergespielt oder bewusst ignoriert. Wenn die Karriereziele Vorrang im Leben haben, wird die Erschöpfung eben zum Feind erklärt, denn sie bedroht die Leistungsfähigkeit. Es ist leichter, uns selbst zu verleugnen, als unsere Karriereziele los zu lassen.

Auch alle Mir-geht-es-so-schlecht-Klagelieder, Jammerparaden und Opferstorys führen weder zu einer Verantwortungsübernahme noch zu einer Veränderung der Situation – im Gegenteil, sie ziehen weiter Energie ab.

Vorfahrt für die Seele
Zu einer aktiven, stressarmen Lebensführung gehören neben den analytisch zugänglichen Dimensionen wie Selbstmanagement und Zeitbewusstsein auch die intuitive, emotionale und körperliche Dimension.

> Wenn wir unseren Biorhythmus stärker berücksichtigen und seelisch-körperlich-geistige Tankstellen kennen, bei denen wir unsere Energie wieder aufladen können, können wir auch besser mit Belastungen umgehen.

Die Wahrnehmung ist bereits der erste Schritt in Richtung einer Veränderung und persönlichen Weiterentwicklung.

Nehmen Sie sich ein leeres Din-A4-Blatt und legen Sie eine Tabelle nach folgendem Muster an:

	Wahrgenommene Symptome	Wann?	Bei welcher Tätigkeit?	Was hat geholfen?
1.				
2.				
3.				
4.				
5.				

Schreiben Sie ebenfalls auf, was Sie gemacht haben, als Sie ein körperliches Symptom bemerkt haben.

Sinnvollerweise sollten Sie dieses Symptom-Protokoll drei bis vier Tage lang führen. Es bietet Ihnen umfangreiche Einsicht, um Ihre tägliche Arbeits- und Lebenssituation besser zu verstehen und um genau zu analysieren, wie und wann sich Belastungen auf Ihren Körper auswirken.

Die Seele hat nur die Möglichkeit, sich über den Körper Ausdruck und Gehör zu verschaffen. Veränderungen setzen bereits ein, wenn Sie sich bewusst machen, wann Sie auf welches Ereignis wie reagieren.

Wenn Sie beispielsweise jedes Mal, wenn Sie mit Ihrem Chef sprechen, Kopfschmerzen bekommen, oder wenn Sie Nackenverspannungen spüren, wenn Ihr Kollege Ihr Büro betritt, dann sind das deutliche Signale.

Und dazu brauchen Sie nur Ihrem Körper aufmerksam zu lauschen:

- Schärfen Sie Ihre Aufmerksamkeit durch Ihren „Körper-Scanner", indem Sie sich Ihrer selbst körperlich bewusst werden.
- Üben Sie es, Ihre körperlichen Symptome bei Belastungen sofort zu spüren und fühlen.

- Nehmen Sie Nackenverspannungen als eine willkommene Information Ihres Unterbewusstseins, um sofort eine adäquate Änderung herbeizuführen.

Wichtig ist, dass Sie sich nicht nur auf Ihre Arbeit konzentrieren, sondern dass Sie wahrnehmen, was gerade jetzt passiert. So können Sie ein Leben in Echtzeit ermöglichen.

Körperliche Fühlerfahrung und Prozessarbeit

Um Wege für eine glückliche und gesunde Lebensentwicklung zu finden, greifen Kompensationsmechanismen, die lediglich am Symptom ansetzen, viel zu kurz. Das Verstehen der Ist-Situation allein genügt bei Menschen in Burnout-Situationen nicht, denn die Verbindung zwischen Verstehen und Spüren fehlt.

> Das Verstehen des Kopfes muss mit dem Fühlen des Herzens und des Bauches in Übereinstimmung gebracht werden.

Das setzt eine feinsinnige Fühlerfahrung voraus, die in geeigneten Körperverfahren, wie zum Beispiel dem Focusing oder der craniosacralen Therapie als Teil der Osteopathie, vermittelt wird.

Warnsignale unseres Körpers sind Aushängeschilder, auf denen Worte stehen wie „Hilfe, mach was, so geht es nicht mehr weiter". Anstatt die Alarmsignale der Belastungen auszuschalten, ist es richtig, die Warnhinweise als Veränderungsindikatoren aufzufassen, um einen Wandel einzuleiten, damit wir im Einklang mit uns selbst leben.

Eigentlich wissen wir ganz genau, was wir uns wünschen, was wir wirklich wollen und was uns davon abhält, dies zu tun. Doch oft ist dieses Wissen nicht direkt zugänglich oder es kann sich nicht konkret äußern.

Ann Weiser Cornell war eine der ersten Trainerinnen, die mit einem Verfahren arbeiten, welches die Stimme des Körpers in den Mittelpunkt stellt. Die Methode lässt Sie das Flüstern

Ihres Körpers hören, bevor er anfangen muss, laut um Hilfe und nach Veränderungen zu schreien.

Nach ihrer Meinung haben wir nur verlernt, dieser inneren Stimme in unserem Körper Gehör zu verleihen, die sich in Körpergefühlen und Empfindungen ausdrückt. Wenn wir diesen Signalen aufmerksam zuhören, ist die Zielrichtung für die Lösung innerer Konflikte klar.

So setzt diese therapeutische Technik nicht auf Hintergründen von persönlichen Konflikten an, sondern direkt bei der Gegenwart. Es geht immer um den Jetzt-Zustand: Was fühle ich jetzt, was empfinde ich genau in diesem Moment?

Die körperorientierte Prozessarbeit, die ich sehr gezielt zur Unterstützung von Menschen in Veränderungssituationen nutze, ist ein Weg der Selbsthilfe, um Hemmungen zu überwinden, sich aus destruktiver Selbstkritik zu lösen, um das eigene Leben so zu ändern, dass es auf der eigenen inneren Orientierung aufbaut, und um die Lebensenergie wieder fließen zu lassen. Das Besondere an dem Verfahren ist, dass es nicht darum geht, etwas intellektuell zu verstehen, sondern darum, es wirklich zu erleben, zu fühlen, zu spüren und zu erfahren. Dies wird „felt sense" genannt.

Der Körper reagiert also mit komplexen Ausprägungen von Dysfunktionen. Zahnärzte arbeiten deshalb erfolgreich mit Kraniosakral-Therapeuten und Orthopäden zusammen, da es diese Zusammenhänge zwischen Zahnproblemen, Kopfschmerzen, Wirbelsäulen- und Hüftgelenkproblemen gibt.

Diese wechselseitigen Beziehungen lassen sich hervorragend durch die Kombination von schulmedizinischen und ganzheitlichen Verfahren nutzen. Gerade durch die unterschiedlichen Betrachtungswinkel von Schulmedizin und komplementären Verfahren kann dem Patienten wirklich effizient geholfen werden bzw. seine Selbstheilungskräfte gefördert werden, sodass der Fokus nicht auf der Bekämpfung der Krankheit, sondern auf der Förderung von Gesundheit liegt.

Axel Baumgärtner, der als Projektleiter Balanced Scorecard bei einem internationalen Finanzdienstleister in Berlin arbeitet, leidet seit Jahren immer wieder unter Nacken-, Rücken- und Kopfschmerzen, die sich besonders in Situationen von hohem Arbeitspensum, Hektik und Stress verstärken.

Ständig hat er das Gefühl, dass alle Kollegen etwas von ihm wollen. Die von seinem Vorgesetzten meist hektisch anberaumten Meetings sind aus seiner Sicht ineffizient und schlecht vorbereitet. Die Stimmung innerhalb der Abteilung ist auf dem Nullpunkt. Im Unternehmen besteht eine hohe Mitarbeiterfluktuation, die auf die schlechte Kultur zurückgeführt wird.

Nachdem seine Abteilung die Kriterien für die Balanced Scorecard unter Zeitdruck definieren soll, einer seiner Kollegen gekündigt hat und wegen finanzieller Restriktionen kein Nachfolger eingestellt werden darf, arbeitet er Tag und Nacht auf Hochtouren. Er hat das Gefühl, dass die Zukunft des gesamten Unternehmens von ihm abhängt. Er äußert seine Wut über die Überlastung gegenüber seinen Vorgesetzten nicht.

Seit circa drei Wochen kann er nachts kaum noch schlafen, da er nicht mehr abschalten kann. Wenn er endlich schläft, kaut sein Unterbewusstes an den Problemen des Alltags, die sich auf seinen Kiefer mit Kopfschmerzen übertragen. Seine Frau hat sich bereits im Gästezimmer des Hauses einquartiert, da sie sein Zähneknirschen nicht mehr ertragen kann.

Was kann Axel aus seinem Zähneknirschen lernen? Er hat sich durch seine überzogenen Ansprüche und zu hoch gesetzten Ziele selbst zu viel Druck gemacht. Das nächtliche Knirschen mit den Zähnen ist ein Ausdruck des Festbeißens an den Problemen und wirkt auf komplexe Weise auf den Gesamtorganismus zurück.

Viele Zahnärzte sehen solche Störungen als Symptom von Patienten, die zusätzlich über Kopfschmerzen, Schwindel, Tinnitus, Depressionen, Schlaflosigkeit, Hauterkrankungen und Rückenschmerzen leiden. Unter anderem A. C. Fonder konnte diesen Zusammenhang in umfangreichen Studien belegen. In dem Moment, in dem das Problem im Kiefergelenk gelöst wurde, besserten sich auch die anderen Probleme.

Aufspürfragen und Denkanstöße

- Wie kann ich mich selbst annehmen?
- Was hilft mir, die Situation so zu akzeptieren, wie sie ist?
- Wie kann ich auf Jetzt-Zeit umschalten?
- Wann reagiere ich bei welchem Ereignis mit welchen körperlichen Symptomen?
- Wie schaffe ich es, meinen „Körper-Scanner" eingeschaltet zu lassen?
- Was fühle ich jetzt?

Ent-Deckung, Orientierung und die neuen Möglichkeiten

„Unser Leben ist das, was unsere Gedanken aus ihm machen."
(Marc Aurel)

Darum geht es

In dieser Phase geht es um das Bewusstwerden, dass eine Änderung in Richtung einer persönlichen Weiterentwicklung ansteht. Unsere Lebenswirklichkeit entsteht in unserem Kopf, gesteuert durch unser Gehirn, denn wir erzeugen Wirklichkeit mit unserer Vorstellungskraft. Dabei ist die Wahrnehmung der Wirklichkeit letztlich eine Frage des Blickwinkels.

> Höchste Zeit, die Perspektive zu wechseln und neue Möglichkeiten zu entdecken!

Durch eine Änderung des Blickwinkels lassen sich neue Möglichkeiten entdecken. Für eine erweiterte Perspektive und eine bessere Reflexionsfähigkeit bedarf es eines großen Wahrnehmungsfeldes anstatt einer engen Konzentration auf Details.
Nachdem Sie sich selbst erkannt haben, geht es darum, eine neue Orientierung auf Basis des inneren roten Fadens zu finden. Wenn wir uns wieder selbst (ver)trauen, können wir

eine eigene Vision unseres Lebens in Ankopplung an eigenen Sinn und Werte entwerfen.

Konkrete Maßnahmen

Erfolg entsteht im Kopf – Misserfolg auch

Belastungen im Job oder privat werden individuell unterschiedlich interpretiert. Das bedeutet auch, dass unsere subjektive Einstellung für die Bewertung einer im Außen empfundenen objektiven Alltagsgegebenheit eine ganz wesentliche Bedeutung für das Erleben von Belastungen und die Folgen hat.

Wir sehen die Welt aus unserem Blickwinkel und bewerten Zustände individuell unterschiedlich. Je nach Blickwinkel gestalten oder verunstalten wir unsere Außenwelt und so unser Leben. Die Frage ist also, wie Sie ganz persönlich mit einem Ereignis umgehen, denn Ihre Interpretation lässt ein Ereignis positiv oder negativ erscheinen.

Die Entscheidung für unser Verhalten fällt im Gehirn. Bei Aufnahme eines externes Reizes oder einer Information arbeitet unser limbisches System im Zwischenhirn als eine Art emotionales Schiedsgericht. Je nach Kategorisierung kann ein Ereignis als gut oder schlecht eingestuft werden.

Eine zusätzliche Besprechung bedeutet für den einen eine Herausforderung, um sich zu profilieren, für den anderen kann dies das Fass der Frustrationstoleranz zum Überlaufen bringen oder eine Versagensangst bedeuten.

Geraten alle Menschen, die viel arbeiten, in ein Burnout? Nein. Die Begründung ist einfach und doch schwer zugleich: Menschen, die das machen, was ihnen wirklich entspricht, strengen sich nicht übermäßig an. Sie haben ein gutes Selbstwertgefühl und bewerten die Arbeit nicht als Anstrengung, sondern haben Spaß an dem, was sie tun, weil sie es tun wollen.

Menschen, die nicht das machen, was ihnen entspricht, haben oft ein geringes Selbstwertgefühl und strengen sich sehr an, die Arbeit zu erledigen, die sie machen müssen.

Gerade im „Endstadium" des Burnouts kann es zur Lebensaufgabe kommen. Daher ist es wichtig, durch eine neue Perspektive zu den Dingen und einer neuen geänderten Einstellung zu einer neuen Aufgabe für das Leben zu gelangen.

In der nachstehenden Tabelle haben wir einige Kriterien zusammengestellt, die die Bewertung verdeutlichen sollen. Nicht alle Kriterien müssen zwangsweise erfüllt sein.

Kriterium	Burnout-gefährdete Menschen	Nicht-Burnout-gefährdete Menschen
Vertrauen	gering	normal bis hoch
Selbstwert	gering	normal bis hoch
Anspruch	hoch	normal
Wollen/ Müssen	müssen eine bestimmte Arbeit machen	wollen ihre Arbeit machen
Bewertung	sehen ihre Arbeit als anstrengend an	sehen ihre Arbeit als Teil des Lebens und haben Spaß
Arbeit und Erfolg	Ansicht: um erfolgreich zu sein, muss ich mich anstrengen, „Ich muss die Arbeit machen"– im Endstadium kann es zur Lebensaufgabe kommen.	Arbeit wird nicht mit Anstrengung verknüpft – „Die Arbeit macht mir Spaß, ich will die Arbeit machen" – auch mit viel Arbeit empfinden die Menschen eine echte Lebensaufgabe in ihrer Arbeit, weil sie ihnen Erfüllung gibt.

Unterschiede zwischen Burnout-gefährdeten und nicht Burnout-gefährdeten Menschen

Die Frage ist, woher die Anspannung kommt und wie diese gesenkt werden kann. Drei Dinge sind ausschlaggebend:

- fehlendes Vertrauen,
- geringer Selbstwert,
- zu hohe Ansprüche und Erwartungen – an sich selbst und an andere.

Permanent findet ein Abgleich statt: Genüge ich den Ansprüchen? Falls nein, entsteht Angst und die Anstrengung wird noch verstärkt. Doch je größer die Anspannung wird, desto geringer wird die (Arbeits-)Leistung.

Diese Situation ist hochkomplex, doch die Ansatzhebel sind genau auf diesen Ebenen zu finden:

- Die Lösung ist die Lösung. Loslassen ist eine zentrale Dimension.
- Vertrauen in die eigene Existenz. „Wie es ist, ist es gut."
- Erhöhen des eigenen Selbstwerts – „Ich bin (mir) selbst wertvoll." Und dieser Selbstwert ist nicht abhängig von einem nach oben oder unten zeigenden Daumen anderer Menschen.
- Reduzierung des Anspruchsniveaus auf ein normales und realistisches Maß. „So, wie ich es mache, ist es richtig."
- Ausprobieren neuer Möglichkeiten jenseits der eingetretenen Verhaltenspfade.

Neue Möglichkeiten mutig ausprobieren

Mit dem richtigen Dreh machen wir aus der negativen Belastungssituation eine positive Entlastungsaktion. Dies bedeutet eine Änderung des Blickwinkels und somit unserer Erwartungen, Ansprüche und Einstellung. Und dazu braucht es Mut und Entschlossenheit.

Viele verharren in der Frustzone, denn leiden ist leichter als handeln, aber handeln macht leichter als leiden.

Im Umgang mit Belastungssituationen ist es aber wichtig, sich nicht als Opfer der Situation zu fühlen, das zieht die Handlungskraft ab, sondern aktiv und mutig die Verantwortung zu übernehmen. Das gibt Handlungsschub und leitet die Problemlösung ein.

Das ist eine klare Ansage, reduziert Ihre Belastungen und ist ein aktiver Weg aus der Hilflosigkeit und aus dem Please-me Syndrom („Wie mache ich es nur den anderen recht?").

Fazit: Übernehmen Sie mutig die Verantwortung für die Situation und Ihr Leben. Kommen Sie selbst in die Kraft!

Die Transformation hierzu vollzieht sich in zwei Schritten: in der Wahrnehmung und Bewusstwerdung und in der Einleitung der nächsten Schritte.

Schritt 1: Die Entdeckung der Möglichkeiten
Wenn man durch ein Schlüsselloch sieht, ist der Blickwinkel klein, die Gesamtperspektive ist verdeckt. Erst durch das Zulassen einer Bewusstseins- und Wahrnehmungsveränderung können neue Möglichkeiten entdeckt und eine größere Perspektive des Gesamtgeschehens erlangt werden.
Ziel ist die Integration in einem umfassenden Sinn; das bedeutet, die uns hemmenden, begrenzenden und einschränkenden Dimensionen des gewöhnlichen Bewusstseins durch die Blickwinkelerweiterung zu überwinden.
Die Veränderung des Blickwinkels ermöglicht uns, einen im Einklang mit uns selbst aufzubauenden (Er-)Lebensbereich zu entwerfen, der eine umfassende und nachhaltige Integration der Aspekte aus Körper, Seele und Geist in echter Verbindung mit der Welt im Außen sinnvoll gestalten lässt.
Durch die Erweiterung des Blickwinkels können wir über den Tellerrand der routinierten Betriebsamkeit schauen und in die Handlung kommen, anstatt weiterhin wie bei einer Schallplatte mit Sprung im monotonen Klageliedmodus zu verharren.
Die Blickwinkelerweiterung ist der Impuls für den Wandel, der Zündfunke für den Motor der Handlung. Wir dürfen uns nicht auf das Niveau einer Maschine reduzieren lassen, die nur funktionieren muss. Die Bewusstmachung und Integration aller Anteile ist eine wichtige Voraussetzung zur Gesundwerdung.

Achten Sie daher auf Ihr Bauchgefühl und lassen Sie Ihren Kopf nicht allein entscheiden.

Schritt 2: Das Spiel mit den Möglichkeiten

Sagen Sie klipp und klar, was Ihnen wirklich wichtig ist. Viele Dinge lassen sich ganz einfach ändern, probieren Sie es einfach aus. Spielen Sie mit den Möglichkeiten. Dadurch, dass Sie die Punkte, die Sie wirklich stören, aktiv ansprechen, anstatt frustriert zu resignieren, findet bereits Veränderung statt.

Erkenne dich selbst!

Was ist das Gegenteil einer Burnout-geplagten Person? Die vor Kraft und Energie nur so strotzende und gleichsam in sich ruhende Persönlichkeit, die mit Gelassenheit, Freude und selbstbestimmter Verantwortlichkeit auf ein Geschehen antwortet.

Anstatt auf die negative Seite des Problems zu schauen, wollen wir uns vor allem mit der positiven Seite der gleichen Medaille beschäftigen, also mit der Frage, wie wir glücklich und gelassen leben können. Dies bedeutet, dass wir nicht problemorientiert, sondern lösungsfokussiert arbeiten wollen, wenn es um das Burnout-Syndrom geht.

Wichtig ist, dass Sie sich bewusst werden, dass Sie mit einem beginnenden Burnout-Syndrom Ihre persönliche Power und Erfolgsaussichten, Beziehungen zu Freunden und Kollegen, Ihre Lebensenergie und letztlich Ihre Gesundheit aufs Spiel setzen. Und das hat maßgeblich mit Ihrem Verhalten zu tun. Machen Sie sich daher Ihre Verhaltensmuster und eigenen Schwachstellen klar. Überlegen Sie ganz entspannt, ob Sie etwas ändern können und welches Verhaltensmuster Sie in Zukunft ablegen wollen.

Unsere Gedanken, Glaubenssätze und das, was wir sagen – unsere Worte – gestalten unsere Wirklichkeit und prägen unser Leben nachhaltig.

Die gesellschaftlichen Botschaften in verbaler und nonverbaler Form haben teilweise bedrohliche Auswirkungen auf unseren Lebensentwurf und so auf unsere Persönlichkeits- und Lebensentwicklung. Zudem können diese Muster unsere Arbeits- und Belastungsbewältigung hemmen oder fördern.

Beispiele für Lebensmuster-erzeugende Glaubenssätze bzw. internale Verhaltensrepräsentationen können sein:

- „Ich bin erst wertvoll und werde von anderen geachtet, wenn ich mich anstrenge und Außergewöhnliches leiste."
- „Ich bin immer nur für die anderen da, für mich bleiben nur die Krümel übrig, die andere übrig lassen."
- „Ich bin nur ein kleiner Angestellter, der nichts wert ist, auf mir können ja alle herumhacken."
- „Geld verdienen ist ein hartes Brot."

Übung

Beantworten Sie sich einmal die folgenden Fragen:

Welches sind meine persönlichen Glaubenssätze?

- _____
- _____
- _____

Folgende Glaubenssätze und Verhaltensweisen möchte ich gern ablegen:

- _____
- _____
- _____
-

Wie würde sich das anfühlen, wenn ich es schon erreicht hätte?

- _____

Woran würden es die anderen merken?

- _____

In der folgenden Tabelle sind schlechte Lebensfrequenz und gute Lebensfrequenz einander gegenübergestellt:

Schlechte Lebensfrequenz – Opferhaltung	Gute Lebensfrequenz – Aktive Verantwortungsübernahme
Ich bin nichts wert; erst wenn ich viel leiste, erkennen mich andere an.	Ich bin einzigartig und wertvoll, mein Wille, etwas zu tun, hängt nicht vom Lob oder der Anerkennung anderer ab.
Erst wenn die anderen zufrieden sind, bin ich wirklich gut.	Wenn ich zufrieden bin mit dem, was ich gemacht habe, brauche ich auch kein Lob von anderen.
Mir wird das zu viel, ich will mir am liebsten die Decke über den Kopf ziehen und für niemanden mehr ansprechbar sein.	... genau. Und deshalb höre ich auf zu jammern und sage klar, was ich brauche, um vernünftig arbeiten zu können.
Wenn ich das nicht selber mache, klappt es ja nie.	Was ich nicht selber mache, können andere besser als ich.
Meine Kopfschmerzen pochen, aber ich kann jetzt noch nicht schlappmachen.	Meine Kopfschmerzen pochen, Zeit zum Aufhören. Beim nächsten Mal passe ich besser auf mich auf, damit ich erst gar keine Kopfschmerzen bekomme.

Schlechte versus gute Lebensfrequenz

Die Glaubenssätze in der linken Tabellenspalte können in die Negativspirale des Burnouts führen, da sie eine selbstschädigende Wirkung erzielen. In der rechten Spalte sind Beispiele für aktive eigenverantwortliche Wege aus dem Burnout-Sumpf vorgeschlagen:
Aus der selbstmitleidigen Negativprogrammierung der linken Spalte können wir auch eine Positivdrehung formulieren: Konkret bedeutet dies, den Problemsatz einfach umzuformulieren, um neue Entwicklungswege einschlagen zu können und Wachstumsphasen zu starten.

Damit Sie emotional, psychisch und mental weiter wachsen können, ist es wichtig, dass Sie auf Ihre Worte und Ihre Gedanken achten – sie erzeugen Wirklichkeit.

Betreiben Sie keine Schwarz-Weiß-Malerei durch energie-zehrende Killerphrasen:

- Immer muss ich das machen.
- Wenn ich das nicht mache, klappt gar nichts.
- Alle genießen den Sommer am See, nur ich muss arbeiten.
- Stets werde ich mit allem allein gelassen.

Überdenken Sie die Bewertungen, die Außenwelt werden Sie nur schwer ändern können. Ersetzen Sie die Verallgemeine-rungen durch Worte, die auf die ganz konkrete Situation be-zogen sind.

Den negativen Wirkungen obiger Beispiele können Sie fol-genden positiven Dreh verleihen:

- In dem Fall muss ich es machen, beim nächsten Mal wird es ein anderer machen.
- Ich werde die Kollegen gut anlernen, damit ich diese Aufgaben delegieren kann.
- Viele Kollegen haben frei und fahren an den See. Ich will die Prüfung schaffen und nutze die Zeit zur Vorbereitung. Nach der Prüfung gönne ich mir eine Paddeltour auf dem See.
- Ich schaffe das gut allein. Falls es mir zu viel wird, werde ich andere um Unterstützung bitten.

Merken Sie den Unterschied? Die Situation ist deutlich ent-krampfter.

Zudem hilft folgende Überlegung: Was wäre eigentlich das Allerschrecklichste, was passieren könnte, wenn Sie sich nicht so verhalten würden, wie Sie denken, dass man es von Ihnen erwartet?

Wichtig ist, dass Sie Möglichkeitsräume jenseits der ausgetre-tenen Pfade erkunden, Entwicklungswege suchen und sich im Leben ausprobieren.

Orientierung, Sinn und persönliche Ziele finden

Tief in uns steckt das Wissen darüber, wer wir sind, was uns ausmacht und wo wir erfolgreich sind. Doch wir lassen es aus Angst vor möglichen negativen Konsequenzen nicht zu, obwohl diese Ängste meist überflüssig sind. Mit einem beginnenden Burnout ist es jedoch höchste Zeit für eine Neuausrichtung und Neuorientierung im Leben. Sie dürfen Ihre Erwartungen und Ihre Rolle auf den Prüfstand stellen.

Das Phänomen des Burnouts entsteht häufig deshalb, weil der notwendige Abstand zu uns selbst, zu anderen Menschen, zu unseren Aufgaben und der Arbeit verloren geht.

> Entscheidend ist, dass wir mindestens einmal pro Monat aus dem Hamsterrad des Routinealltags aussteigen und eine Standortbestimmung durchführen.

Wenn unterschiedliche Rollenerwartungen, To-do-Listen und Fremdbestimmungen an unseren Energiereserven nagen, fehlt uns die Möglichkeit einer Selbstbe-SINN-ung und Orientierung. Diese sind jedoch entscheidend für ein Andocken an uns selbst und so auch für den Umgang mit Belastungen, Hektik und Stress.

Bei dieser Standortbestimmung können Sie eine Revision des Lebensrhythmus vornehmen, Klarheit schaffen und die Lebensprioritäten neu justieren. Machen Sie sich auch Gedanken über Ihre Beziehungen. Beziehungen geben uns viel, sie können uns aber auch Energie abziehen.

Wie lassen sich Bedingungen erreichen, in denen Sie wieder mehr Spaß und Lebensfreude haben? Wie steht es um die Dimensionen Vertrauen, Respekt, Offenheit, Commitment und Gelassenheit?

Entdecken Sie Ihre eigenen Stärken, Potenziale und Talente durch geeignete Instrumente, wie zum Beispiel den „Golden Profiler of Personality" (GPOP) oder andere seriöse persönlichkeitsgestützte Potenzialerkennungsverfahren.

Nehmen Sie sich Zeit, herauszufinden, wer Sie wirklich sind und was Sie als Mensch ausmacht. Kommen Sie sich in Ihrem ganz persönlichen Rhythmus und Tempo selbst auf die Spur und finden Sie Ihre Essenz im Leben. Reflektieren Sie dabei Ihre eigenen Wertvorstellungen – was bin ich mir selbst wert? Überdenken Sie Ihr bisheriges Leben und entwerfen Sie eine Vision von Ihrem eigenen Leben. Was wollen Sie in diesem Leben erreichen oder machen? Was ist Ihr Credo für Ihr Leben?

Aufspürfragen und Denkanstöße

- Wie gewinne ich Klarheit?
- Was ist der Sinn meines Lebens?
- Was ist mein innerer Weg?
- Wer bin ich?
- Wie kann ich meine Stärken stärken?
- Wie kann ich meinen Selbstwert erhöhen und mir selbst besser trauen?
- Wie kann ich es mir selbst anstatt anderen recht machen?
- Wie kann ich mir selbst wertvoll sein?
- Welche Alternativen bieten sich zu den bisherigen Wegen?
- Wie könnte ich mich noch ausprobieren?
- Wie kann ich meine Vorstellungskraft vergrößern?
- Wie kann ich einfach mit dem Leben mitgehen, anstatt dagegen anzukämpfen?

Ent-Scheidung – Im Einklang mit sich selbst

„Ein Problem ist eine Chance für dich, dein Bestes zu tun." (Duke Ellington)

Darum geht es

In dieser Phase geht es um die Vorbereitung für die Umsetzung der Weiterentwicklung und darum, authentisch und echt zu sich selbst zu stehen, Altes los zu lassen, das eigene Anspruchsniveau zu reduzieren und ein Commitment für sich selbst zu geben.

Auf dem Weg zur persönlichen Weiterentwicklung spielt die emotionale Kompetenz eine große Rolle. Emotionale Kompetenz bezeichnet die Fähigkeit, mit den Beziehungen zu anderen in Resonanz zu gehen und Empathie für andere spürbar zu machen. Hierzu sind persönliche Integrität und Authentizität erforderlich.

Große Defizite lassen sich vor allem in der psychosozialen (Eigen-)Kompetenz und der Kommunikationsfähigkeit finden. Emotionen zu erkennen und zuzulassen ist eine nicht zu unterschätzende Fähigkeit bei der Interaktion zwischen Menschen.

Da die emotionale Erschöpfung ein Kernelement des Burnouts ist, beginnt der erste Schritt mit einer korrekten Selbstwahrnehmung. Wenn wir unser Leben als ein „inneres Unternehmen" auffassen, geht es darum, die eigenen Fähigkeiten, Fertigkeiten, Talente und Potenziale optimal mit den Möglichkeiten, die das Leben bietet, zu verzahnen, um so einen maximalen (Lebens-)Profit zu generieren.
Die Selbsterkennung ist ein Schlüsselfaktor zur emotionalen Kompetenz. Und dies hat sehr viel mit der (inneren) Bereitschaft und Fähigkeit zu tun, Impulse und Aspekte bei sich selbst wahrzunehmen.

Menschen mit gut ausgeprägter emotionaler Selbstwahrnehmung
- haben eine Vision von ihrem Leben und setzen sich klare Ziele,
- haben ein gutes Selbstvertrauen,
- verfügen über eine gute Selbstsicherheit und sind nicht übermäßig selbstkritisch,
- kennen und folgen ihren Werten,
- fokussieren sich auf ihre Stärken anstatt auf ihre Schwächen,
- können sich und auch anderen Fehler zugestehen und auch verzeihen,

- kennen ihre persönlichen Schwachpunkte und tragen diese mit Humor,
- haben ein hohes Maß an Selbstverständnis,
- wissen, welche Ziele sie verfolgen – und auch, warum sie diese verfolgen,
- treffen Entscheidungen im Kontext ihrer eigenen Werte und ihrer inneren Bedürfnisse und Strukturen.

In dem Moment, in dem Sie die Anforderungen der Außenwelt mit sich selbst in Einklang bringen können, kann ein gutes Selbstmanagement umgesetzt werden.
Die persönliche Integrität ist der Einklang zwischen dem Verhalten, den eigenen Werten und Bedürfnissen. Jenseits aller negativen Bewertungen der psychischen Belastungen hat Burnout eine enorme biologische Bedeutung für die Selbstorganisations- und Anpassungsprozesse.

Unsere Reaktionen auf Belastungen sind erlernte Verhaltensmuster. Wenn Sie bisher auf äußeren Druck auf eine bestimmte Weise reagiert haben, so muss dies nicht so bleiben, wir können unser Verhalten auch verändern. Und das hat maßgeblich mit unserem Erwartungs- und Selbstmanagement zu tun, denn oft sind es unsere Erwartungen an uns selbst, die uns belasten und uns die eigene Energie rauben.

Konkrete Maßnahmen

Analysieren Sie Ihr Erwartungs- und Anspruchsniveau an sich selbst und an die anderen. Wenn Sie sich mehr vornehmen, als Sie eigentlich schaffen können, müssen Sie sich über Misserfolge und Frustrationen nicht wundern. Seien Sie authentisch und bleiben Sie locker im Hier und Jetzt, verbiegen und verkrampfen Sie sich nicht in Ihrer Persönlichkeit.

Hinterfragen Sie dabei die Motive für Ihr Handeln.

An mich selbst habe ich folgende Erwartungen:

- _____
- _____
- _____

An andere habe ich folgende Erwartungen:

- _____
- _____
- _____

Sie können es nicht allen recht machen. Fragen Sie sich: Wie hoch ist der Preis, den ich für meine eigenen Erwartungen an meine berufliche Karriere bezahlen muss? Stimmt das Verhältnis von Kosten und Nutzen? Stellen Sie sich vor, Sie sollen eine neue Position in Ihrem Unternehmen erhalten. Dies bedeutet eine Erhöhung Ihres Status und eine Verbesserung Ihrer finanziellen Situation, möglicherweise auch eine Aufwertung Ihres Selbstbewusstseins.

Der Preis könnte aber hoch sein, denn andererseits könnte dieser Karrieresprung bedeuten, dass Sie weniger Zeit für Ihre Familie, für Sport, Freunde und Freizeit haben.

Beim Hochsteigen auf der Karriereleiter besteht immer die Gefahr, dass das eigene Anspruchsniveau höher klettert, als es Ihr geistig-körperlich-seelisches Fundament zulässt. Die Folge könnte ein schnelles Erreichen der Belastungsgrenze sein – mit der Konsequenz von Überforderung und der Gefahr eines Burnouts.

Das Loslassen ist eine To-do-Maßnahme aus dem Bereich der Ent-Scheidungen. Sie können nicht auf allen Hochzeiten tanzen. Sie müssen sich für das eine und gegen das andere entscheiden. Erst dann können Sie sich voll und ganz einer Sache mit Erfolg widmen. Und wenn Sie sich entschieden haben, ist es wichtig, dass Sie dazu auch voll und ganz „Ja" sagen können. Ein klares Commitment gibt Kraft für die Zukunft.

Aufspürfragen und Denkanstöße

- Wann bin ich „ich selbst"?
- Wann verbiege ich mich?
- Was ist mir persönlich wichtig?
- Was kann ich noch los lassen?
- Von welchen Gewohnheiten will ich mich verabschieden?
- Wie kann ich mein Körper- und Bauchgefühl mit einbeziehen?
- Wie kann ich es schaffen, etwas so zu machen, dass es für mich persönlich gut ist?

Ent-Faltung – Eigene Werte im eigenen Rhythmus finden

„Das größte Vergnügen im Leben besteht darin, das zu tun, von dem die Leute behaupten, man könne es nicht." (Walter Bagehot)

Darum geht es

In dieser Phase geht es darum, in der eigenen Zeit eine neue Lebensführung auf Basis einer neuen Strategie zu entwickeln, konkrete Maßnahmen aufzusetzen, erste Schritte in den neuen Räumen gehen zu lernen und das Gelernte umzusetzen und zu integrieren.
Nach und nach soll die eigene Schwingungsfähigkeit wieder hergestellt, der eingeschränkte Aktionsradius vergrößert

werden und konkrete Schritte zur lebendigen Ganzheit und Eigenverantwortung gegangen werden.

Konkrete Maßnahmen

Negative Überzeugungen und emotionale Verhaltensmuster sind oft die Ursache für unbewusste Anspannungen, die sich auf der Körperebene durch Muskelverspannungen und Schmerzen zeigen können. Die verspannten und verkrampften Muskeln führen dann durch den Druck der Belastungen und die damit verbundenen Energieblockaden zu Nacken- und Wirbelsäulenschmerzen.

Der auf Misserfolg programmierte Mensch gelangt in einen Teufelskreis: Die emotionale Verspannung führt zur Fehlhaltung, diese erzeugt die Schmerzen und diese verschlimmern die emotionalen und körperlichen Verspannungen.

Alte Verhaltensmuster neu programmieren

Den auf dem Weg zur inneren Weiterentwicklung Stolpernden können wir ein wenig helfen, neue Wege im Umgang mit ihrem Engagement und den eigenen Erwartungen aufzuzeigen, indem wir die Negativprogrammierung stoppen. So brauchen sie nicht mehr gegen sich selbst anzurennen und können ihre eigene Schwingungsfähigkeit verbessern.

Doch Weiterentwicklung lässt sich nicht mit einem Schalter auf „Ein" und die Burnout-Anzeichen auf „Aus" schalten. Aber: Wir können einfach die alten Verhaltensmuster überschreiben.

Wenn wir uns selbst zu einer bestimmten Tätigkeit motivieren wollen, können wir an Einstellungen und an Motiven ansetzen. Beide steuern Verhalten.

Unsere Einstellungen sind dauerhaft und beziehen sich eher auf ganz konkrete Dimensionen. Motive hingegen entstehen häufig aus einer Mangelsituation. Die Befriedigung kann durch unterschiedliche Lösungen erfolgen.

Wenn wir uns Ziele setzen, so sind diese meist bewusst und kognitiv. Motive hingegen sind eher emotional und affektiv und nicht immer bewusst. Sie wollen unmittelbar gestillt werden. Konkret heißt dies, dass Ziele nicht mit Motiven übereinstimmen müssen. Harte Disziplin führt noch lange nicht zum Erfolg, wenn die Motivatoren nicht auch auf das Ziel ausgerichtet sind.

Sie können Ihre alten Muster und Glaubenssätze überschreiben und Neues trainieren. Dies bedeutet ein Verlassen der alt eingetretenen Verhaltensspur. Die Umsetzung ist einfach: Sie brauchen nur die alten Muster mit einer neuen Erlebensqualität (Ziel und Motiv) zu verknüpfen.

Stellen Sie sich ganz einfach vor, dass Sie durch ein bestimmtes Verhaltensmuster geleitet werden. Dieses Muster kann entweder Entspannung oder Anspannung in Ihnen hervorrufen.

Nun verknüpfen Sie dieses Muster mit einem positiven sachlichen Inhalt. Wenn Sie beispielsweise für eine Prüfung lernen, stößt der Satz „Ich muss lernen" ein negatives Muster an. Das Resultat ist, dass Sie keine Lust haben zu lernen, das Lernergebnis wird jenseits Ihrer Möglichkeiten liegen.

Was aber passiert, wenn Sie hier ein bestehendes Muster der Freude, der Entspannung und des Spaßes mit dem Lernen verknüpfen? Wenn Sie beispielsweise auf eine spielerische Art den Stoff vermittelt bekämen, würden Sie lustvoll mit Spaß lernen, Ihr Lernerfolg könnte sich enorm steigern, Sie würden gern lernen.

Zeit für die Umsetzung

Denken Sie daran, dass Sie genügend Zeit für die Umsetzung einplanen. Alles dauert länger, als man glaubt. Denken Sie bei der Umsetzung Ihrer „Fair-Änderung" daran, dass der Erfolg von diversen Merkmalen Ihrer Vorgeschichte mitbestimmt wird. Das sind:

- individuelle Ansichten, Glaubenssätze und Verhaltensmuster,

- Gesundheit, Befinden und persönliche Fitness ,
- Erholungs- und Ernährungszustand,
- Gefühle und Präsenz,
- Gedankenwelt, Wissen und gemachte Erfahrungen,
- Umfeld, Beziehungen, Freundschaften,
- Erwartungen der anderen (Lebenspartner, Familie, Freunde, Kollegen etc.),
- Grad der Selbst-Verantwortung.

Wovon hängen nachhaltige Veränderungen ab? Das Erreichen unserer Ziele hängt von unserem Verhalten, Willen und unserer Vorstellungskraft, der konkreten Visualisierung ab. Nicht immer wird der Wille in die Tat umgesetzt, wenn wir uns das Ziel nicht wirklich bildlich vorstellen können.

Bei einer Neugestaltung des alltäglichen Verhaltens geht es um ein Abwägen der Vor- und Nachteile im Sinne einer persönlichen Kosten-Nutzen-Analyse unter Einbeziehung der Erwartungen an die Zukunft. Jemand, der sagt, dass er besser mit Belastungssituationen umgehen will, in Wirklichkeit aber so lebt und arbeitet wie bisher, wird seine Belastungen nicht bewältigen und sein Verhalten nicht ändern – da hilft auch keine Anmeldung zum Yoga-Kurs.

> Wer sich nicht aus den gewohnten Grenzen der Komfortzone bewegt und den Preis nicht zahlen will, wird sich nicht weiterentwickeln können.

Übung

Angenommen, Sie hätten Ihre Lebensbatterie wieder voll
aufgeladen und Ihre Einstellung zu den Dingen geändert –
was wäre für Sie persönlich anders?

- _____
- _____

An welchem Verhalten, wie und wann würden Ihre Kollegen
und Bekannte feststellen, dass Sie sich geändert haben?

- _____
- _____

Wie würde sich der spürbare Veränderungsschub für Sie
anfühlen? Beschreiben Sie Ihr Gefühl möglichst konkret.

- _____
- _____

Prüfen Sie Ihren persönlichen Vorteil – dieser muss für Sie
überzeugend sein, sonst ändern Sie Ihre Gewohnheiten nicht.
Was ist Ihr persönlicher Nutzen, was können Sie jetzt besser?

- _____
- _____

Kalkulieren Sie die Investition in die Zukunft. Denken Sie
dabei, worin Sie langfristig gern investieren möchten. Welchen
Preis müssen Sie dafür zahlen?

- _____
- _____
- _____
- _____

Der Vertrag mit sich selbst

Zur Verstärkung Ihrer persönlichen Fair-Änderungs-Planung bietet es sich an, dass Sie eine aktive Willensdokumentation für Ihre individuelle Weiterentwicklung beurkunden. Damit Sie in Zukunft besser und gelassener mit Belastungen, Ihren Erwartungen und sich selbst umgehen, können Sie diesen Vertrag mit sich selbst analog einer persönlichen Zielvereinbarung nach dem Management-by-Objectives-Modell (MbO) abschließen. Hier können Sie aufführen, welche konkret messbaren Maßnahmen Sie einleiten werden.

Wichtig ist, dass Sie die Inhalte und Kriterien für die Zielerreichung schriftlich festlegen. Zudem sollten Sie Maßnahmen definieren, die erfolgen müssen, falls das Ziel nicht erreicht wird. Und: Formulieren Sie eine Belohnung, wenn das Ziel erfüllt oder übererfüllt wird. Diese Belohnung ist ein wichtiger Akt der eigenen Wertschätzung und Anerkennung Ihres Engagements für sich selbst.

Persönlicher Anti-Burnout-Vertrag

Ich, Birgit Pauer, verpflichte mich zu folgendem Vertrag mit mir selbst. Dazu setze ich mir folgende Jahresziele:

1. Mit Präsenz, Spaß und Bewusstheit das machen, was mir wirklich entspricht.
2. Eigene Ansprüche und Erwartungen relativieren.
3. Förderung der eigenen Gesundheit.

Meine persönlichen Ziele sind erreicht, wenn ich bis zum 15. November

- mich selbst als wertvoll erachte und Dinge tue, die mir selbst wichtig sind,
- den „Körperscanner" eingeschaltet lasse und die Symptome meines Körpers sehr genau wahrnehme, mehr auf mich selbst achte und bei mir bleibe,
- jeden Tag etwas für mich Gutes tue und eine Verabredung mit mir selbst treffe,
- den Tag mit einem ruhigen Frühstück nach einer wohltuenden Rückengymnastik zur Kräftigung meiner Wirbelsäule beginne,

- die Orientierung darüber behalte, was mir wichtig ist und was ich wirklich will,
- die Dinge, die ich tue, mit Spaß und Lust verrichte,
- meine Ziele nicht mehr so hoch stecke und meine Ansprüche und Erwartungen auf ein normales Maß reduziere,
- in Belastungssituationen gelassener bleibe und mich nicht mehr selbst so ernst nehme,
- meine Ziele auf meine Lebensvision und meine Werte abstimme,
- meinen Terminkalender nach persönlichen Prioritäten plane und den Überblick behalte, damit ich mich um wesentliche Dinge kümmern kann,
- zwischendurch viel Spaß habe, Quatsch machen und lachen kann und
- mich mit meiner Freundin zweimal wöchentlich zum Walken verabrede.

Bemerkung:

Am 24. August werde ich überprüfen, wie weit ich gekommen bin.

Belohnungen/Änderungen/Korrekturen:

Wenn ich durchgehalten und die Ziele erfüllt habe, gönne ich mir ein Wellness-Wochenende in einem schönen Hotel an der Ostseeküste.
Wenn ich sogar mehr als das erreicht habe, leiste ich mir ein einwöchiges Qigong-Seminar auf Fuerteventura.
Wenn ich es nicht schaffe, beginne ich nochmal von vorn, überprüfe meine Ziele und mache mir erneut Gedanken, wie ich in Zukunft besser mit Belastungen, Erwartungen und mit mir selbst umgehen kann.

_____   _____
Ort, Datum   Unterschrift

Beispiel für einen Vertrag mit sich selbst von Birgit Pauer, die als Projektleiterin sehr oft von Rückenschmerzen geplagt ist, wenn sie unter Belastungen leidet

Sie müssen diesen Vertrag mit sich selbst veröffentlichen, zum Beispiel indem Sie Ihren Partner oder Freunde einbinden. Das erhöht die Chance des Durchhaltens Ihres neuen Weges der Weiterentwicklung ganz enorm.

Jetzt sind Sie an der Reihe – setzen Sie Ihren Vertrag mit sich selbst zur Bewältigung Ihrer Belastungssituationen mit einer konkreten Jahreszielvereinbarung auf und verpflichten Sie sich selbst gegenüber, diese auch einzuhalten.

Wichtig ist, dass Sie nicht an sich selbst zweifeln.

Bei der Umsetzung Ihrer Vorsätze kann es sein, dass Sie wieder in alte Verhaltensmuster rutschen: Lassen Sie sich durch Rückschläge nicht entmutigen. Werten Sie eine Nichterreichung Ihres Ziels nicht als eine persönliche Niederlage. Gerade bei „Rückfällen" ist es wichtig, noch einmal genau zu überprüfen, ob Sie auch wirklich davon überzeugt sind, dass sich der Aufwand für Sie wirklich lohnt.

Arbeiten Sie an der Überzeugung, dass Sie es schaffen werden, Ihre Ziele zu erreichen. Der Glaube an das Ziel vergrößert bereits Ihren Aktionsradius. Erinnern Sie sich stets an die langfristigen Vorteile.

Aufspürfragen und Denkanstöße

- Wie kann ich mein eigenes Leben in den neuen Bahnen eigenverantwortlich führen?
- Was mache ich zuerst?
- Was kommt dann?
- Wie setze ich es konkret um?
- Mit welchen Maßnahmen erreiche ich meine Ziele am besten?

Ent-Spannung und Weiterentwicklung

„Die wichtigste Offenbarung ist die Stille." (Laotse)

Darum geht es

Einen wichtigen Meilenstein der persönlichen Weiterentwicklung haben Sie bereits erreicht. In dieser Phase geht es darum, die eingeleitete Weiterentwicklung durch die Änderung des eigenen Verhaltens beizubehalten, durchzuhalten und das Neue mit Spaß und Gelassenheit im eigenen Tempo zu festigen.

Und genau dies soll auch gefeiert werden. Entspannungsverfahren und Meditation helfen, dass Sie den neuen Weg mit Leichtigkeit, Achtsamkeit und Gelassenheit ganz präsent gehen können.

Konkrete Maßnahmen

Achten Sie darauf, dass Sie Zeit für sich selbst haben, sich selbst präsent sind und die Dinge, die Ihnen Spaß machen und wichtig sind, pflegen. Zum Abschluss können Sie bewerten, ob sich der neue Weg gelohnt hat.

Gehen Sie achtsam mit sich selbst und Ihrem Körper um. Finden Sie einen für Sie geeigneten Weg, um in der Jetzt-Zeit zu leben und entspannen zu können.

Wege zur Entspannung und Zugang zur Innenwelt

Permanent nach außen gerichtet, überlastet und von Reizen und Informationen übersättigt, droht sich der Mensch von sich selbst zu entfremden und von seinen Tiefenschichten und seinem inneren Kern und der eigenen Essenz zu entkoppeln. In der sich scheinbar immer schneller drehenden Welt des globalen Fortschritts gefährden wir unsere menschliche Innenwelt.

Die Aus- und Weiterbildungsideale der westlichen Gesellschaft legen großen Wert auf linear-analytische Fähigkeiten, wie Intelligenz, Verstand, Sprache, Logik, rationales Denken, Wissen, gute Zensuren und Prädikatsexamen in Mindeststudiendauer. Die nichtlinearen Fähigkeiten für die Führung unserer „Innenwelt" – unseres „inneren Unternehmens" – werden nicht für wichtig erachtet, da sie sich nicht quantitativ messen lassen.

Doch gerade die Soft-Skills Bauchgefühl, Intuition, emotionale Intelligenz, Musikalität, Spiritualität, Kreativität und persönliche Tiefenerfahrungen sind für unsere Weiterentwicklung immens wichtig. Rationale Einseitigkeit und Unausgewogenheit führen in die Sackgasse der eigenen Potenziale. Es geht nicht um ein flatterhaftes Kostenwollen oder mundgerechtes Konsumieren des Lebens im High-Speed-Tempo, sondern um ein authentisches achtsames Leben, das auf Werte aufbaut und einen individuellen Sinn verfolgt. Um dies leben zu können, bedarf es Achtsamkeit, Loslassen, Entspannen und Klarheit.

Hier sollen Ihnen einige Alternativen aufgezeigt werden, um zu mehr Gelassenheit und Entspannung zu gelangen, damit Sie Ihre neuen Verhaltensweisen auch festigen können. Hier bieten sich zum Beispiel die folgenden – beliebig kombinierbaren – Verfahren an:

- Muskelentspannung und progressive Muskelrelaxation nach Jacobson
- Autogenes Training
- Imaginations- und Visualisierungstechniken
- Yoga
- Qigong
- Meditation

Die Muskelentspannung bezweckt primär eine Lockerung Ihrer Körpermuskulatur und setzt auf der motorischen Ebene der Stressbewältigung an. Ein Beispiel ist die progressive Muskelrelaxation nach Jacobson. Dies ist ein sehr effizientes Entspannungsverfahren, das in den 1930er-Jahren in Amerika von dem Arzt Edmund Jacobson veröffentlicht wurde.

16 ausgewählte Muskelgruppen werden nacheinander angespannt und wieder entspannt, wodurch Sie lernen können, einen für Sie angenehmen Ruhezustand zu erreichen. Diese Gelassenheit gibt wieder Energie für Neues.

Der Vorteil ist, dass die Übungen auch im Sitzen und in Räumen ohne große Bewegungsmöglichkeiten ausgeführt werden können, zum Beispiel im Auto, Flugzeug oder während einer Bahnfahrt.

Das autogene Training nach J. H. Schultz stützt sich auf psychologische und physiologische Fakten. Es setzt am vegetativen Nervensystem an und ist als Technik relativ leicht zu lernen.

Wichtig ist, dass die Technik regelmäßig geübt wird. Hierzu gibt es eine Fülle an Literatur. Schauen Sie einfach mal in eines der Bücher, um sich ein Bild zu machen, ob das für Sie interessant sein könnte.

Zur Stärkung der Selbstheilungskräfte bieten sich Qigong, Tai-Chi und Yoga an. Qigong ist ein fester Bestandteil der Traditionellen Chinesischen Medizin (TCM). Die Bewegung in Entspannung basiert auf einer Art Bewegungsmeditation und -regeneration.

Ziele von Qigong sind die Erleichterung des Energieflusses, die Psychoregulation sowie die Herstellung einer harmonischen Balance zwischen An- und Entspannung. Hierbei werden Energieblockaden und -stauungen beseitigt. Bei konsequentem Üben lassen sich auch Heilerfolge bei chronischen Erkrankungen wie zum Beispiel Asthma bronchiale, Bluthochdruck oder bei vegetativen Beschwerden erzielen; vor einiger Zeit wurde eine multizentrische prospektive Studie über die Erfolge von Qigong bei Migräne und Spannungskopfschmerz publiziert (Friedrichs 2003).

Die gelenkte Imagination ist ein spezifisches Verfahren der Entspannungstechniken. Auf Basis von Phantasiereisen und Vorstellungsübungen kann ein tiefer Entspannungszustand und eine bessere Selbstwahrnehmung induziert werden. Themen der Imaginationsübungen können beispielsweise Erfolg, Lebensfreude, innere Gesundheit und persönliche Zielsetzungen sein. Die gelenkte Imagination ist ein erlebnisorientiertes Verfahren.

Halte an und inne durch Meditation

Die Meditation erfreut sich zunehmender Beliebtheit. Die drei wohl in der westlichen Welt bekanntesten Meditationsformen kommen aus Indien (Yoga), der islamischen Welt (Sufismus) und aus Japan und dem fernen Osten (ZEN-Meditation).

Viele dieser Meditationstechniken sind in eine komplexe, geschichtsträchtige, weltanschauliche oder religiöse Welt (Hinduismus, Islam, Buddhismus) eingebettet. Hier geht es im Folgenden jedoch nicht um die gesellschaftlichen oder religiösen Aspekte, sondern um eine Darstellung der konzentrativen Meditationstechniken und ihre Auswirkungen auf die Entspannung des Körpers und des Geistes.

Die Meditation setzt ein gewisses Maß an Entspannungsbereitschaft und -fähigkeit sowie einen ruhigen, von der Alltagshektik geschützen Raum voraus. Die Meditation ist mehr als nur eine Technik. Sie führt bei vielen zu einem ergreifenden Erlebnis und zu Stille jenseits der routinierten Betriebsamkeit.

Der Körper, die Atmung kommen bei der Meditation langsam zur Ruhe, die Spannung fällt ab. Von innen kann sich dann die Ruhe ausbreiten, die Hetze des Alltags und das äußerlich fremdbestimmte Tempo weichen einem inneren eigenen Zeit-Rhythmus. Die äußerliche Anspannung und die arbeitsinduzierte Erregung kann sich langsam auflösen. Die stressgeplagten Nerven, die noch eben vor Hetze vibrierten und bis zum Zerreißen angespannt waren, können langsam zur Ruhe kommen und sich entspannen.

Die Meditation ist wie Balsam für die Seele und eine sehr einfache und geeignete Methode für eine umfassende Entspannung von Geist, Körper und Seele.

Meditation führt jedoch noch zu mehr als zu einer Beruhigung des vegetativen Nervensystems: Auch Heilungsvorgänge können unterstützt werden. Es geht darum, die Hindernisse aus dem Weg zu räumen, die unserer wirklichen Eigenentwicklung im Wege stehen. Die Meditation kann den Prozess einer integrierten Selbstentfaltung und Selbstentwicklung erleichtern, Schwierigkeiten im neuen Licht erscheinen und Probleme vermeiden lassen sowie zur Stressbewältigung durch Entspannung beitragen.

Um in einen Zustand der Meditation zu gelangen, braucht es Übung, Zeit, Stille und einen geeigneten Raum. Still zu sein und innezuhalten ist für viele sehr ungewohnt, macht nervös und unruhig – sind wir es doch gewohnt, ständig von einem äußerlichen Informationsrausch durch Handy, SMS, Telefonkonferenzen, Fernsehen, Nachrichten, E-Mails, Radio, Zeitungen, Fachartikel etc. umgeben zu sein.

Das In-sich-Hineinlauschen ist jedoch genau so wichtig wie die Kommunikation, die wir so selbstverständlich täglich in unserer Außenwelt betreiben.

Die persönlichen Belastungen und die äußerliche Hektik engen den Blickwinkel und unsere Wahrnehmung extrem ein. In der Problemsichtweise verlieren wir den Blick für die Möglichkeiten, bleiben in den alten Vorstellungsmustern und werden so blind für das, was sein könnte, was ginge und was nicht. Meditation ermöglicht Ruhe, Distanz, authentische Klarheit und Absichtslosigkeit.

Nach Klemens Tilmann bewirkt die Absichtslosigkeit, dass wir uns einer Sache ganz öffnen, sie nicht zurechtdenken, nicht die gewünschte Seite auswählen, nicht dem Nützlichkeitsdenken unterordnen, sondern in reiner Hingabe das Ganze wahrnehmen und in diesem Vorgang wahrhaft gebildet und neu werden (vgl. Tilmann 1981). Meditationen helfen, innere Blockaden aufzubrechen und die eingefahrenen Bahnen zu verlassen. Jenseits der selbstsüchtig aufgebauten und fremdbestimmten Welt gibt es ein Loslassen von allem, dem wir uns verpflichtet fühlen. „Es gibt nichts für mich zu tun", lautet einer der Hauptsätze der Meditation.

Während der Meditation werden Sie von niemandem mehr kontrolliert, beaufsichtigt, beobachtet oder gemaßregelt. Entschuldigt von allen Normen oder externen Erwartungen brauchen Sie nichts mehr zu leisten oder zu beweisen – Sie sind einfach nur, wie Sie wirklich sind. Diese Art von tiefer Gelassenheit in dem geschützten Raum der Meditation ermöglicht ein tiefes Andocken an den eigenen Kern.

Ziel ist es, deutlicher wahrzunehmen und insgesamt zu einem integrierteren, erfüllten Leben zu finden. Selektivität, Eindimensionalität, Betriebsblindheit und Illusionen können erkannt und beseitigt werden.

Konsequent angewendet, helfen Meditationsverfahren, verborgene, verschüttete oder nicht genutzte Möglichkeiten, Kräfte und Energien wiederzuentdecken, wiederzubeleben und so die innere Harmonie wiederherzustellen.

Nach Tilmann ist es wichtig, sich von der angespannten Haltung des eigenen Willens ganz frei zu machen. Dies geschieht nicht mit der entschlossenen Energie des bewussten Willens, sondern mit einer tiefen, gelösten vollständigen Hingabe seiner selbst an die Meditation. Die Meditation führt zu wacher, entspannt-gelöster wirklicher Gegenwärtigkeit.

Dieses tiefe Loslassen führt bei häufigem Meditieren immer mehr nach innen und gibt dem eigenen Kern den nötigen Lebensraum. Sie können in sich hineinhören und das Innere aufsteigen und kommen lassen, was sich gerade zeigen möchte. So wird ein Kontakt zur eigenen Tiefe ermöglicht.

Die Absichtslosigkeit und das wirkliche Loslassen ermöglichen eine tiefe Befreiung des eigenen Seins. Es ist eines der größten Paradoxe des Lebens, dass ein Mensch umso ausgeprägter „er selbst" wird, je weniger er an sich denkt. Das selbstsüchtige Ich macht es dem wahren Selbst unmöglich, sich auszudrücken. Im Moment der Meditation ermöglicht die Absichtslosigkeit jedoch das Wachsen des eigenen Selbst und so eine Annäherung an den eigenen Kern. Wenn wir unser „falsches", fremdgesteuertes Ich überwinden und vom engen Zweckdenken freimachen, kommen wir in die eigene Kraft, ohne uns anzustrengen.

Aus dieser absichtslosen Stille können sich dann neue Sichtweisen, Möglichkeiten und Blickwinkel eröffnen, die neue Lösungen für vorhandene Probleme schaffen. Menschen, die häufig meditieren, sehen mehr Möglichkeiten, sind entspannter, flexibler, bewusster und letztlich auch freier in ihren Emotionen, im Denken und Handeln. Meditation ermöglicht es, unser digitales Denken nach dem Entweder-oder-Prinzip durch ein mehrdimensional offenes Denken nach dem Sowohl-als-auch-Prinzip zu erweitern. Die Meditation erlaubt es uns, Distanz zu bekommen, um die eigene Engstirnigkeit (Denken) zu überwinden.

> Aus der Perspektive des locker entspannt Distanzierten lassen sich viele Probleme viel besser überblicken.

Die Integration ist ein maßgeblicher Faktor der Lebenserfüllung.

Aufspürfragen und Denkanstöße

- Wo finde ich meine seelische Tankstelle, an der ich wieder Energie auftanken kann?
- Wie kann ich mich entspannen?
- Welche Art der Meditation und welche Entspannungsverfahren entsprechen mir?
- Wann bin ich ganz präsent?
- Wie schaffe ich es, mit meiner Aufmerksamkeit im Körper zu bleiben und Dinge im Außen zu beobachten?
- Was macht mir wirklich Spaß?
- Wann bin ich authentisch?
- Wie gelingt es mir, authentisch in Kontakt mit anderen zu treten?

Auf den Punkt gebracht:

- Mit Hilfe verhaltenmodifizierender Methoden und ganzheitlicher Re-Balancing-Integrations-Konzepte kann ein Sinn-volles und der jeweiligen Person entsprechendes Leben nach eigenen Maßstäben neu belebt werden.

- Ent-Lastung bedeutet, die Kupplung des Belastungsmotors zu treten und raus aus der Tretmühle der Ansprüche zu kommen.

- Ent-Täuschung heißt, die Ist-Situation zu akzeptieren und die (Selbst-)Verleugnung zurückzunehmen. Erst ein tiefes Verstehen, Erfahren, Erspüren und Erfühlen ermöglicht die nächste Stufe.

- Ent-Deckung bedeutet Bewusstmachen und -werden. Durch eine Neuorientierung, die eine Lebensvision auf Basis des eigenen Sinns und der eigenen Werte ermöglicht, ergeben sich neue Lebens-Perspektiven.

- Ent-Scheidung ist die Vorbereitung der Verhaltensänderung.

- Ent-Faltung bedeutet Handlung, Umsetzung und Integration. Nach der strategischen Planung können konkrete Maßnahmen aufgesetzt werden, die ein hohes Maß an Eigenverantwortung erfordern.

- Ent-Spannung rundet die gemachten Schritte der Weiterentwicklung durch Entspannungsverfahren und Meditation ab. Sie hilft, präsent in der Jetzt-Zeit zu leben und körperlich, geistig und seelisch entspannen können und mit Spaß und Leichtigkeit wieder die Dinge tun können, die Ihnen entsprechen.

4 Die Burnout-Firewall: Gesundheitsförderung und Prävention

„Du musst Dinge tun, von denen du nicht glaubst, dass du sie tun kannst."
(Eleanor Roosevelt)

Die Balance von Körper, Seele und Geist ist eine wichtige Voraussetzung für einen gesunden und energetisch sinnvollen Umgang mit Belastungssituationen. Uns allen sind Gesundheit, Wohlbefinden und Lebensqualität wichtig.
In den letzten Abschnitten haben wir erfahren, wie wir besser mit Belastungen, Ewartungen und chronischem Stress umgehen können, nämlich indem wir unsere Erwartungen reflektieren und Ereignisse in Zukunft anders bewerten und dadurch unsere Einstellung und Verhalten fair-ändern.
Das verloren gegangene Gleichgewicht wieder herzustellen ist eine der größten Herausforderungen für uns alle in der von Hektik und Druck getriebenen Globalisierungsgesellschaft. In diesem Kapitel geht es daher um Schutzfaktoren vor Burnout und die Förderung der eigenen Gesundheit. Diese Präventionsmaßnahmen haben das Ziel, eine Balance von Körper, Seele und Geist aufzubauen. Ihre Lebens-Balance soll so optimiert werden, dass Sie zu Ihrer Arbeit einen optimalen Ausgleich haben und die verschiedenen Dimensionen Ihres Lebens sinnvoll integrieren können. Das neue Selbstwertgefühl und das Selbstvertrauen verleihen Ihnen Flügel.

Wichtig ist, dass Sie Burnout-Signale rechtzeitig erkennen und aktiv, präventiv und prophylaktisch tätig werden. Zudem soll der Gedanke der Gesundheitsförderung gestärkt werden. Es geht bei der Gesundheitsförderung nicht um die Vermeidung oder Verhinderung von Erkrankungen, sondern um das gezielte Fördern des Bewusstseins für ein gesundes Leben und entsprechende Maßnahmen.

Gesundheitsförderung in Unternehmen

Durch die mit Angst und Unsicherheit verknüpften Veränderungsprozesse auf individueller, psychologischer, Arbeits- und gesellschaftlicher Ebene werden enorme Kosten verschlungen. Burnout hat somit auch massive Auswirkungen auf Unternehmen, Organisationen und Gesellschaft. Wenn wir hingegen besser mit chronischen Belastungen und Stress und mit uns selbst umgehen, können hohe Kosten, unter anderem durch Fehlzeiten, Erschöpfungsstadien und Krankheiten, eingespart, Motivation und Vertrauen in Abteilungen erhöht sowie die Produktivität von Unternehmen gesteigert werden.

Viele der innovativen Unternehmen haben damit begonnen, das Thema Burnout anzugehen und die Gesundheitsförderung aktiv zu unterstützen.

Microsoft hat zum Beispiel als bester Arbeitgeber Deutschlands im Jahr 2005 damit begonnen, Work-Life-Balance-Coaches auszubilden, die den eigenen Mitarbeitern zur Verfügung stehen, wenn es um Herausforderungen mit Burnout-Anzeichen geht.

Durch geeignete Präventionsmaßnahmen in der betrieblichen Gesundheitsförderung oder in der konsequenten Umsetzung von Gesundheitsmanagementprogrammen für gesunde oder erkrankte Mitarbeiter können nachhaltige Effekte der Unternehmensgesundheit generiert werden.

Insbesondere nach Firmenfusionen, Geschäftsprozess-Reorganisationen oder anderen Veränderungen herrscht häufig Orientierungslosigkeit. Nicht zuletzt durch die Globalisierung ist die Sicherheit in den Unternehmen abhandengekommen, in Zeiten großer Kündigungswellen geht die Angst um, die Ellenbogen werden ausgefahren und die Betriebstemperatur sinkt auf den Nullpunkt.

Diese betriebswirtschaftlichen Schäden und Produktivitätsausfälle könnten abgestellt werden, indem Bedingungen geschaffen werden, unter denen die Mitarbeiter ihren Potenzialen entsprechend adäquat arbeiten können, Handlungsspielraum und Eigenverantwortung gestärkt werden und die Themen gegenseitiger Respekt und Vertrauenskultur keine Lippenbekenntnisse sind.

Fehlzeiten in Unternehmen, Produktivitätsausfall und Personalfluktuation sind harte Kriterien dafür, dass Burnout nicht nur ein Thema des Mitarbeiters ist, sondern auch den betrieblichen Arbeitsschutz und die betriebliche Gesundheitsförderung betrifft.

Um das Missverhältnis zwischen äußeren Belastungen und der individuellen Belastbarkeit zu verbessern, werden aus Sicht bekannter Arbeitsmediziner (z. B. Letzel und Escobar Pinzon) multidimensionale Ansätze vorgeschlagen.

Maßnahmen für die betriebliche Gesundheitsförderung, die den unterschiedlichen Ansätzen Rechnung tragen, sind zum Beispiel

- Verflachung der Hierachien in den Unternehmen,
- Kommunikationsoptimierung zwischen den Ebenen,
- Aufbau einer offenen Unternehmenskultur für die Problematik des Burnouts,
- Coachings für betroffene Mitarbeiter,
- Seminare und Workshops zur Bewusstseinsschärfung für die Problematik des Burnouts und zur Vermittlung der Erkenntnis, dass Burnout ein Thema auch für das Unternehmen ist und nicht nur für den Mitarbeiter.

Primärprävention

Sie verfolgt das Ziel der „Schadensverhütung". Unterschieden werden Verhältnis- und die Verhaltensprävention.

Zur Verhältnisprävention gehören:

- Arbeitsorganisation,
- Arbeitsmittel,
- Information,
- Betriebsklima,
- Anerkennung,
- Schulung,
- Beratung.

Wichtige Ansätze der Verhaltensprävention sind:

- Selbstmanagement der Mitarbeiter,
- Maßnahmen zur Stressbewältigung,
- Verfahren der Entspannung und Meditation.

Sekundärprävention

Sie verfolgt das Ziel der „Schadensbegrenzung" und gliedert sich in die Früherkennung und die Intervention.
Die Früherkennung fokussiert auf eine Betreuung der Mitarbeiter und erfolgt aus einem interdisziplinären Ansatz arbeitsmedizinisch und psychologisch erfahrener Coaches in dieser Materie. Bei der Intervention werden Therapie, Verhältnis- und Verhaltensprävention eingesetzt.

Tertiärprävention

Sie verfolgt das Ziel einer „Schadensrevision". Die eingesetzten Verfahren sind die medizinische und psychologische Rehabilitation sowie Maßnahmen zur Wiedereingliederung in Gesellschaft und Beruf.

Work-Life-Integration als langfristiger Schutz-schild gegen das Ausbrennen

Was ist Work-Life-Integration? Der Begriff Work-Life-Balance ist in aller Munde, obwohl er einer Ganzheitlichkeit eigentlich nicht Rechnung trägt, weil er zwischen der Arbeit und dem Leben polarisiert.

Besser wäre es, die Arbeit als Teil des Lebens zu sehen und die unterschiedlichen Aspekte des Lebens sinnvoll zu integrieren. Daher verwenden wir den Begriff Work-Life-Integration anstatt Work-Life-Balance.

Coaching und Prozessbegleitung

In von Wechsel und Dynamik geprägten Rahmenbedingungen ist eine aktiv-intelligente Anpassung der wichtigste Überlebens- und Erfolgsfaktor. Dies gilt für Mitarbeiter, Gruppen und Organisationen gleichermaßen.

Eingeschliffene Denk- und Verhaltensweisen oder Variationen des immer Gleichen sind auf Dauer weder innovativ noch wertschöpfend. Diese Tatsache wird Mitarbeitern, Teams und Unternehmen oft erst nach tiefgreifenden Reorganisationen oder Fusionen schmerzhaft bewusst.

Im Schwerpunktbereich Burnout-Coaching ist der Kern der Arbeit das individuelle Begleiten, Stärken der Stärken und das Spiegeln der blinden Flecken der Persönlichkeit. Ziel ist es, Personal- und Persönlichkeitsentwicklung kongruent zu machen, um so die eigene Wertschöpfung signifikant verbessern zu können. Aus den Erfahrungen im Themenbereich „Behavioural Change" ist der integrative Work-Life-Integration-Coaching-Ansatz ein wichtiger Baustein der Burnout-Firewall.

Insbesondere durch das Hinzuziehen eines neutralen Begleiters können folgende Dimensionen für die Work-Life-Integration beleuchtet werden:

- Neu-Orientierung und Begleitung des Findungsprozesses für die eigene Einstellung, Haltung und die mentalen Bilder,
- Reflexion der geänderten Rahmenbedingungen im Abgleich mit den eigenen Möglichkeiten und Grenzen,
- Reflexion alter Glaubenssätze und Stärkung neuer Verhaltensweisen,
- Unterstützung bei der Entscheidungsfindung sowie Finden neuer individueller Möglichkeitsräume,
- Erwerb neuer fachlicher Kompetenzen und Fertigkeiten, die zur Realisierung von Veränderungen erforderlich sind,
- Erarbeitung und Umsetzung eines individuellen Lern- und Entwicklungsplans.

Eine situations- und fallspezifische Supervision hilft, bisherige Begrenzungen tiefer verstehen zu können und damit zukünftig flexiblere Verhaltensoptionen zu ermöglichen.
Die Standortbestimmung der eigenen Work-Life-Integration und damit die Hebel für Veränderung laufen über vier Grunddimensionen:

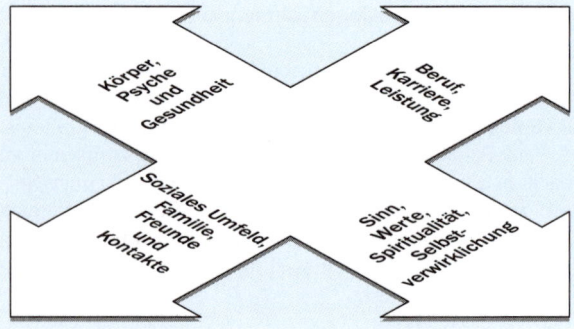

Vier Grunddimensionen als Ansatzhebel zur Veränderung der Work-Life-Integration

Machen Sie sich bewusst, dass Sie bei einem angenommenen Schlafbedürfnis von acht Stunden täglich insgesamt 16 Stunden (960 Minuten) am Tag zur Verfügung haben.

Mit dieser Zeit müssen Sie achtsam umgehen.

Fangen Sie bei sich selbst an. Nehmen Sie Zeit für sich selbst. Verplanen Sie Ihr Leben nicht in Terminkalendern für Ihre Arbeit, sondern reservieren Sie genug Zeit für alle folgenden Bereiche.

Körper, Psyche und Gesundheit

- Halten Sie eine gute Balance zwischen An- und Entspannung.
- Achten Sie auf Ihre Präsenz und Ihre Achtsamkeit in dem jeweiligen Moment – der Jetzt-Zeit.
- Bleiben Sie präsent und lassen Sie Ihren Körperscanner eingeschaltet. Sprechen Sie Dinge direkt an, wenn Sie eine Störung spüren oder merken, dass Ihnen etwas gegen den Strich geht.
- Überdenken Sie Ihre eigenen Ansprüche an sich selbst und Ihre Leistungsfähigkeit.
- Sorgen Sie für ausreichenden und regelmäßigen Schlaf, gute Ernährung und Abwechslung.
- Halten Sie Ihren Körper fit – Bewegung hilft gegen das Einrosten nicht nur der Knochen.
- Achten Sie auf leichte und ausgewogene Nahrung.
- Reduzieren Sie Ihren Alkohol-, Kaffee-, Medikamenten- und Nikotinkonsum.
- Gehen Sie regelmäßig zu Check-up-Terminen zu Ihrem Zahnarzt und Hausarzt, um mögliche Erkrankungen rechtzeitig erkennen und behandeln lassen zu können.

Quälen Sie sich nicht mit dem Druck, ein hohes Pensum perfekt ableisten zu müssen, indem Sie auch in der Freizeit noch darüber nachdenken, sondern starten Sie mit himmlischem Vergnügen, guter Laune und Spaß eine Körper-Rundum-

Wohlfühlaktion, um sich von den Strapazen des Tages zu erholen.

Das Zauberwort heißt „anfangen"! Auch lange Wege beginnen mit den ersten Schritten. Oft ist es der innere Schweinehund, der uns nach Dauerstress-bedingter Erschöpfung und Unlust davon abhält, uns jetzt auch noch zu betätigen. Wenn Sie aber diesen ersten Schritt in Richtung Weiterentwicklung machen, haben Sie bereits begonnen.

Sinn, Werte, Spiritualität und Selbstverwirklichung

- Finden Sie heraus, was Ihnen wirklich wichtig ist.
- Machen Sie eine Inventur Ihres bisherigen Lebens und richten Sie Ihr Leben nach Ihrer neuen Vision aus.
- Werden Sie sich klar über Ihre Werte und Bedürfnisse.
- Überlegen Sie, wie Sie in zehn Jahren leben und arbeiten möchten.
- Finden Sie heraus, welche Rolle Spiritualität für Ihr Leben spielt.
- Seien Sie vorsichtig mit Erwartungen – Ihren eigenen und mit denen anderer!
- Seien Sie authentisch und verbiegen Sie sich nicht gegen Ihre Grundwerte.
- Arbeiten Sie mit positiven Glaubenssätzen.
- Vergrößern Sie Ihre Vorstellungskraft und nutzen Sie die neu gewonnenen Möglichkeitsräume und Ihre Phantasie für Dinge, die Ihnen Spaß machen und die leicht gehen.

Soziales Umfeld, Familie, Freunde und Kontakte

- Achten Sie darauf, dass Sie Spaß haben.
- Nehmen Sie sich Zeit für Ihr Privatleben.
- Lachen Sie zwischendurch und lernen Sie, sich selbst nicht mehr so ernst zu nehmen.
- Spielen Sie mal wieder.
- Beziehen Sie Ihren Partner und Ihre Familie auch in Ihre beruflichen Pläne ein.

- Think big: Arbeiten Sie daran, Ihren Traum umzusetzen – denken Sie daher langfristig und in großem Stil.
- Fokussieren Sie konsequent auf Ihre persönlichen Ziele.
- Planen Sie realistisch und nehmen Sie sich nur das vor, was Sie auch umsetzen können – weniger ist mehr!
- Denken Sie an die Konsequenzen, wenn Sie zusätzliche Arbeit annehmen (müssen).
- Organisieren Sie Ihre Arbeit und sich selbst, kümmern Sie sich um die wirklich wesentlichen Kernaufgaben und lassen Sie sich nicht vom Wesentlichen ablenken.
- Reduzieren Sie Ihre Ansprüche und setzen Sie klare Erwartungen.
- Seien Sie nicht perfekt in der Vorbereitung.
- Seien Sie achtsam mit E-Mails.
- Lernen Sie sich klar abzugrenzen und „Nein" zu sagen.
- Delegieren Sie und haben Sie auch den Mut, Kollegen oder Mitarbeiter zu enttäuschen, indem Sie nicht zu allem „Ja" sagen.
- Achten Sie auf Ihre Work-Life-Integration.
- Nutzen Sie die Pausen für die Entspannung und nicht zur Beantwortung von E-Mails.

Individuelle Zeit-Räume und persönlicher Rhythmus

Der sinnvolle und achtsame Umgang mit der Zeit ist ein maßgeblicher Hebel, um nicht in den Hektik-Strudel des Alltags zu rutschen. Planen Sie Ihren Ausstieg aus der Zeit-Falle. Das Leben besteht nicht aus Feuerwehrlöscheinsätzen von dringlichsten Tätigkeiten.

> Die Kunst ist es, mit der zur Verfügung stehenden Zeit optimal umzugehen.

Das bedeutet jedoch nicht, immer mehr in weniger Zeit zu

„erledigen", sondern achtsam und effizient im jeweiligen Moment zu arbeiten. Die Zeit vergeht, ob Sie diese nun verplanen oder nicht. (Viele Tipps zum Überleben im Alltagskampf finden Sie in Schröder/Blank 2011.) Wichtig ist, dass Sie die Zeithoheit behalten. Relativieren Sie Ihre Tagesplanung, damit Sie nicht zum Sklaven Ihres Terminkalenders werden. Er ist lediglich ein Instrument, damit Sie den Überblick behalten. Sie entscheiden, was Sie machen wollen – nicht Ihr Terminkalender. Priorisieren Sie Ihre Aufgaben.

Aktivität	Wich-tigkeit	Dring-lichkeit	Priori-tät	Zeit-bedarf	Termin
Meditation	hoch	wenig	C	30 Min.	früh-morgens
Tagesplanung	hoch	mittel	B	15 Min.	morgens
Mails	mittel	hoch	A	30 Min.	mittags
Abteilungs-besprechung	mittel	hoch	A	90 Min.	nach-mittags
Mittagspause	hoch	mittel	A	30 Min.	mittags
Standardbriefe	niedrig	mittel	D	25 Min.	mittags
Strategie-planung	hoch	wenig	B	90 Min.	nach-mittags
Nichts tun	mittel	mittel	A	10 Min.	täglich
Reisekosten-abrechnung	niedrig	mittel	C	20 Min.	nach-mittags
Yoga	hoch	mittel	B	45 Min.	abends

Beispiel einer Tagesplanung

Eine hohe Priorität bedeutet jedoch nicht, dass Sie die Aufgabe auch wirklich erledigen, es kann gut sein, dass es einfach gerade nicht passt. Doch das Aufschieben von Tätigkeiten belastet sehr, oft kostet das Denken an eine unerledigte Reisekostenabrechnung mehr Kraft, als diese endlich auszufüllen. Machen Sie es einfach und leicht.

Denken Sie daran: Sie können nicht den ganzen Tag verplanen – es kommt sowieso ganz anders! Wenn Sie bereits acht Stunden verplant haben, sollten Sie nicht weitere zwei Stunden verplanen, sondern sich Gedanken darüber machen, was Sie lieber weglassen oder delegieren können. Sie können nicht permanent über zehn Stunden arbeiten. Los lassen heißt die Devise. (Zum Selbstmanagement von Managern bezüglich der Prioritäten in Projekten vgl. Schröder 2006 – Projektmanagement.)

Zufriedenheitserlebnisse in den kleinen Dingen des Berufsalltags sind enorm wichtig. Anstatt sich schlecht gelaunt durch das Hamsterrad des Terminkalenders zu quälen – immer unter Druck, die eigenen Ziele in der Zukunft zu erreichen –, sollten Sie auch daran denken, sich einen persönlichen Frei-Raum für Ihre Kreativität zu schaffen, den Sie nur für sich selbst reservieren.

Hören Sie in sich hinein und lauschen Sie Ihrer inneren Uhr und schalten Sie um auf Jetzt-Zeit. Rennen Sie nicht nur Zukunftsvorstellungen hinterher, die einer Projektion alter Vergangenheitsmuster entstammen. Der immerwährende Abgleich zwischen Erfahrungen aus der Vergangenheit und Erwartungen an die Zukunft überspringt die wirkliche Realität und damit unsere Lebendigkeit.
Achten Sie auf Ihre Präsenz und Ihre Achtsamkeit in dem jeweiligen Moment, das gibt Kraft, für das, was Sie genau zu dieser Zeit machen. Kleben Sie nicht an den Mustern des bereits Vergangenen.

Die Zeitdimension muss im Einklang mit unseren Werthaltungen, Rollen, Visionen und Prioritäten sein.

Muße und Erholung sind wichtige Voraussetzungen, um wieder kraftvoll durchstarten zu können. Denken Sie daher daran, sich jeden Tag eine Zeit-Zone für die Verabredung mit sich selbst einzuplanen. Setzen Sie auf Zeitqualität anstatt auf Menge der erledigten Aufgaben pro Zeiteinheit und gönnen Sie sich Muße zum Anhalten, Innehalten und Nachdenken.

Für das authentische Selbst- und Projektmanagement sind klare Ansagen wichtig. Manchmal müssen nur ganz kleine Dinge geändert werden, die zu einem enormen Ergebnis führen. Ein klares „Nein" wirkt manchmal Wunder und verhindert sehr effektiv, dass Ihnen Energie abgezogen wird.

Fragen zur eigenen Reflexion:

- Was können Sie sich heute für sich ganz persönlich Gutes tun?
- Welche Verabredung treffen Sie mit sich selbst?
- Woran könnten Sie heute so richtig Spaß haben?
- Was konkret machen Sie heute, um Ihre Work-Life-Integration einzuhalten?
- Was tun Sie, damit Sie die Vereinbarung und Verabredung auch wirklich einhalten?
- Wer könnte Sie bei der sinnvollen Umsetzung Ihrer Work-Life-Integration unterstützen?

Ich helfe mir selbst, indem ich ...

- _____

Ich will selbst mehr für meine Gesundheit tun, indem ich ...

- _____

In der Familie finde ich Unterstützung durch ...

- _____

In meinem Arbeitsumfeld finde ich Unterstützung durch ...

- _____

Im Freundeskreis finde ich Unterstützung durch ...

- _____

Was machen Sie ganz konkret, um Verbesserungen Ihrer Work-Life-Integration zu erreichen?

Ich persönlich werde ...

* _____

Um meine Gesundheit zu verbessern, mache ich ...

* _____

Um mir und meinem Sinn, meinen Werten und Visionen besser auf die Spur zu kommen, ...

* _____

Um mehr Spaß zu haben, ...

* _____

Um mehr Entspannung zu haben, ...

* _____

In der Familie werde ich ...

* _____

Um bei der Arbeit gelassener zu sein, ...

* _____

Im Freundeskreis mache ich ...

* _____

Umgang mit sich und ander

- Liebevoll zu sich selbst
- Herzlich zu anderen

Gesundheitsförderung

- Überdenken Sie eigene
  Ansprüche und Erwartungen
- Achten Sie auf genügend Schlaf
- Treiben Sie Sport
- Essen Sie bewusster und weniger
- Trinken Sie weniger Alkohol
  und Kaffee
- Rauchen Sie weniger

Können

Kommuni-kations-management

Persönliche Weiterentwicklung

- Sinn
- Werte
- Spiritualität
- Lebensinventur

Beziehungs-management

Entspannung

- Autogenes Training
- Progressive Muskelentspannung
- Imaginations- und
  Visualisierungstechniken
- Yoga
- Qigong
- Meditation

Persön-lichkeits-management

Zeit für

- Beziehungen
- Freunde
- Partner, Familie
- Soziales Umfeld
- Quatsch machen

Wählen

Wollen

Loslassen

- alter Muster
- negativer Glaubenssätze
- belastender Erwartungen

Intuition und Bauchgefühl

- Lauschen Sie Ihrem Körperbewusstsein
- Nehmen Sie Stresssymptome ernst

Achtsamkeit

- Setzen Sie klare Erwartungen
- Machen Sie Pausen
- Achten Sie auf Ihre Balance
- Respektieren Sie Ihren Körper
- Träumen Sie Ihren Traum

Befähigungsmanagement

Präsent und authentisch sein

- Im Augenblick leben
- Einlassen auf den Moment
- Kein Pendeln zwischen Vergangenheit und Zukunft

Lernen Sie

- Nein zu sagen
- Erwartungen zu überprüfen
- Sich abzugrenzen
- Mit Stress umzugehen
- Den Mut zu haben, andere zu enttäuschen
- Etwas nicht zu tun, zu dem Sie sich verpflichtet fühlen

Handeln

Setzen Sie Prioritäten

- Machen Sie, was Sie am besten können und woran Sie Spaß haben
- Verzetteln Sie sich nicht
- Nehmen Sie sich selbst wichtig
- Setzen Sie Ihre Ziele konkret und messbar um

Auf den Punkt gebracht:

- Die wichtigsten Faktoren Ihrer Burnout-Firewall sind die Gesundheitsförderung, die Work-Life-Integration und gesunde Energiequellen.

- Die Work-Life-Integration beleuchtet die vier Dimensionen:
  - Körper, Psyche und Gesundheit
  - Sinn, Werte, Spiritualität und Selbstverwirklichung
  - Soziales Umfeld, Familie, Freunde und Kontakte
  - Beruf, Karriere, Leistung

- Der sinnvolle und achtsame Umgang mit der Zeit ist ein maßgeblicher Hebel, um nicht in den Hektik-Strudel des Alltags zu rutschen.

- Fördern Sie Ihre Gesundheit – aktiv und regelmäßig.

- Achten Sie auf Ihr Körperbewusstsein und vertrauen Sie Ihrer Intuition.

- Lernen Sie „Nein" zu sagen und sich abzugrenzen.

- Achten Sie auf ausreichend Pausen.

- Nehmen Sie sich Zeit für Beziehungen und soziale Kontakte.

- Arbeiten Sie in einem für Sie sinnvollen Rhythmus.

- Stellen Sie um auf Jetzt-Zeit und pendeln Sie nicht permanent zwischen den Erfahrungen aus der Vergangenheit und den Erwartungen an die Zukunft.

- Reservieren Sie sich Zeit für Ihre eigene Weiterentwicklung.

5 Gesunde Energiequellen für die Lebensfrische des Alltags

„Es ist leicht, das Leben schwer zu nehmen. Aber es ist schwer, es leicht zu nehmen."
(Nossrat Peseschkian)

Die Gesundheit ist unser kostbarstes Gut. Grund genug, unseren Körper gut zu behandeln. Die gesunden Energiequellen für die Lebensfrische und -freude sind vielfältig. Im Folgenden finden Sie ein paar Vorschläge als Anreiz zum Vertiefen in der jeweiligen Fachliteratur.

Mehr Lux auf die Augen

Kennen Sie das auch, dass Sie sich, wenn es draußen früher dunkel wird und der Winter naht, schlechter fühlen als im Sommer? Die Dunkelheit scheint bei vielen nicht nur das Tageslicht, sondern auch die gute Laune zu verdrängen.
Woran liegt das? Das Licht serviert Ihnen über die Augen eine Portion gute Laune und ermöglicht es, das Gemüt zu erhellen. Wenn unsere Augen im Dunkeln bleiben und die Netzhaut der Augen keine Lichtreize erhalten, wird in einem bestimmten Areal des Gehirns, der Hypophyse, aus dem stimmungsaufhellenden Neurotransmitter Serotonin das Schlafhormon Melatonin hergestellt.
Dieses Schlafhormon reduziert unsere Leistungsfähigkeit und bringt uns in das Gefühl des antriebslosen dauermüden Winterschläfers. Bei Tieren ist dieser Zustand wichtig für die Vorbereitung des Winterschlafs. Erhalten wir hingegen viel helles Licht, sorgt das Gehirn dafür, dass wir wach und gut gelaunt sind.

Der Licht-Tipp für mehr gute Laune: Kommen Sie raus aus der „Schlechte-Laune-Falle" und lassen Sie Sonne in Ihr Herz. Gehen Sie raus aus dem Büro und tanken Sie Licht! Das hellt auf.

Das Licht sorgt nicht nur für Stimmungsaufhellung, sondern beugt auch einer Osteoporose vor. Denn das Tageslicht regt die für die Knochen so wichtige Vitamin-D-Produktion an, mit deren Hilfe der Körper Kalzium in die Knochen und auch die Zähne einlagern kann. Auch diese Kraft unterstützt Ihr Wohlbefinden und stützt damit Ihren Erfolg.

Schlaf ist der Schlüssel zur Erholung

Das Schlafbedürfnis ist individuell unterschiedlich und hängt auch vom Alter ab. Wichtig ist, dass Sie Ihr persönliches Schlafbedürfnis ernst nehmen, denn Schlafentzug raubt Ihnen Ihre kreative Energie.

Man quält sich um 4.30 Uhr aus dem Bett, nur um den ersten Zug um 6.20 Uhr von München nach Würzburg zu erwischen, damit dann ein wichtiges Akquisegespräch erfolgreich geführt werden kann. Doch der Biorhythmus muss nicht mit dieser Uhrzeit einverstanden sein.

Wenn Ihre Besprechungen bereits um 8.30 Uhr beginnen soll, bietet es sich an, bereits am Tag zuvor anzureisen, Ihre Gesundheit und der Erfolg werden es Ihnen danken. Wenn Sie am Vorabend anreisen, können Sie sich in aller Ruhe auf die neue Umgebung einstellen und sich gedanklich auf das Gespräch einstimmen. Wenn Sie dann ausgeschlafen und energetisch aufgetankt beginnen, haben Sie die Trümpfe für den Geschäftserfolg bereits in der Hand.

Wenn Sie stattdessen abgehetzt und übermüdet aus dem verspäteten Zug ins Taxi springen und dann während der Besprechung mit geröteten Augen trotz drei doppelten Espressi mit dem Schlaf kämpfen, können Sie keine Höchstleistungen vollbringen.

Gehen Sie früher ins Bett – Ihr Körper wird es Ihnen danken.

Frische Luft und das richtige Atmen

Eine der wichtigsten Vitalfunktionen unseres Lebens ist unsere Atmung. Ohne Sauerstoffzufuhr können unsere Körperzellen nicht leben.

Obwohl das Einatmen, Ausatmen und Weiteratmen automatisch abläuft, atmen viele Menschen falsch: Sie atmen oberflächlich „auf Sparflamme", anstatt ihre komplette Vitalkapazität zu nutzen. Neben dem unökonomischen Arbeiten der Atemmuskulatur kann es hierdurch zu Verkrampfungen und einem Ansteigen des Erregungsniveaus kommen.

Gezielte Atemtechniken können helfen, die Atmung zu beruhigen, sich für den eigenen Atemrhythmus zu sensibilisieren und zu Entspannung und Gelassenheit zu gelangen.

Seelische Vorgänge und die Vitalkapazität der Lunge unterliegen einer starken Wechselwirkung: In entspannter Ruhe ist auch die Atmung rhythmisch, entspannt und langsam. Umgekehrt bleiben Sie durch richtige Atmung auf einem Niveau relativer Entspannung und schaffen ein günstiges seelisches Klima. Die Atmung ist für eine gesunde leib-seelische Gesamtverfassung von großer Bedeutung.

Allerdings gilt das Gleiche im Negativen: Je angespannter, hektischer und stärker unter Druck wir sind, desto flacher und schneller ist unsere Atmung. Umgekehrt: Wenn man permanent schnell, flach und im oberen Bereich atmet, versetzt man sein Inneres in ein Klima ständiger Erregung und Anspannung.

Die Zwerchfellatmung hat nicht nur eine beruhigende und wohltuende Wirkung, sondern hilft Ihnen, Ihre eigene Mitte in die richtige Tiefe zu bringen.

Nach dem Auftanken können Sie erfrischt und gelassen durchstarten zur nächsten Aufgabe.

Viel Vitamine und gesunde Nahrung

Sie haben Ihre Leistungsfähigkeit und Gesundheit selbst in der Hand – der Mensch ist, was er isst. Obwohl die meisten diesen Satz wahrscheinlich kennen, genügt ein Blick in den Kühlschrank eines beliebigen Haushalts, um zu wissen, dass die Leitung vom Lesen dieser „Erkenntnis" bis zur Umsetzung in die Handlung sehr lang ist.

Insbesondere „Schreibtischtäter" benötigen optimales Brain-Food für neue und kreative Ideen. Empfehlenswert ist eine Kombination aus komplexen Kohlenhydraten, ausreichend Vitaminen, Aminosäuren und fettarmem Eiweiß sowie vollwertigen Beilagen.

Kleinere kurze Pausen, in denen Sie die jeweiligen Energie-Bausteine zu sich nehmen, sind für den Körper physiologisch viel günstiger als eine lange Mittagspause, die eine Müdigkeitswelle erzeugt, die mit Kaffee bekämpft wird.

Die Wichtigkeit eines optimalen Vitalstoff-Mixes zur Steigerung der körperlichen und geistigen Leistungsfähigkeit und zur Stärkung des Immunsystems wird auch von Ernährungsexperten unterstrichen. Der Schutz vor Krankheitserregern durch Stärkung der körpereigenen Abwehrkräfte mit Nährstoffen ist wissenschaftlich erwiesen. Ein wirksamer Schutz wird unter anderem durch Kombination der Vitamine A bis E geboten, die in jedem Frühstück reichlich enthalten sein sollten.

> Ganz einfache Nahrungsmittel, zum Beispiel Äpfel, Orangen, Bananen, Sonnenblumenkerne und Vollkornbrot, bieten dem Körper mit über 300 Biostoffen als Nahrungsmittel einen optimalen „Kick" für das Immunsystem.

Wasser bedeutet Lebensfrische pur

Die meisten Menschen trinken zu wenig. Dabei besteht der menschliche Körper ungefähr zu 70 Prozent aus Wasser. Eine unausgeglichene Flüssigkeitsbilanz des Lebenselixiers Wasser macht träge und kann insbesondere bei Büromenschen zu Müdigkeit, Abnahme des Kurzzeitgedächtnisses, Verringerung der Leistungsfähigkeit bis hin zu Kopfschmerzen führen.

Blitzentspannung im Büro

Das angestrengte Arbeiten unter maximaler Konzentration und Anspannung verringert die persönliche Kreativität. Der

Anspannung muss daher die Entspannung folgen. Die Entspannung muss dabei gar nicht lang sein. Wichtig ist, dass Sie Pausen machen, damit Sie danach wieder fit und leistungsfähig für neue Aufgaben sind.
Entspannen Sie sich mehrmals täglich 20 bis 30 Sekunden und sorgen Sie für eine Blitzentspannung Ihrer angespannten Hirnhälften.

Blitzentspannungs-Tipp

- Gehen Sie zum Fenster und öffnen Sie es weit. Strecken Sie Ihre Arme zur Seite und atmen Sie ruhig und tief ein und aus. Die frische Luft verleiht Ihrem Kopf wieder kreative Schwingung für Ihre Gedanken. Wenn Sie in einem Großraumbüro arbeiten, können Sie entweder in einen anderen Raum gehen oder andere dazu motivieren, einfach mitzumachen.

- Stehen Sie auf und stellen sich auf die Zehenspitzen. Dabei recken Sie sich und strecken die Arme nach oben und klatschen 15-mal in die Hände.

- Stellen Sie sich aufrecht hin und ziehen Sie Ihre Schultern abwechselnd nach oben. Die Arme hängen dabei ganz locker am Körper.

- Lassen Sie Ihre Arme und den Oberkörper ganz genüsslich von links nach rechts schwingen.
Bewegen Sie dabei Ihre Hüfte mit.

- Drehen Sie Ihre Hüfte fünfmal im Uhrzeigersinn und fünfmal gegen den Uhrzeigersinn.

- Hüpfen Sie 20-mal auf der Stelle abwechselnd von links nach rechts und umgekehrt über einen imaginären Balken von 15 Zentimeter Höhe.

- Nehmen Sie nochmals einen tiefen Atemzug, schließen Sie das Fenster, gehen Sie an Ihren Arbeitsplatz zurück und trinken Sie ein Glas Wasser.

Der Lachfaktor

Es gibt zwar keine Anti-Burnout-Pille, aber Sie können sich ab und zu mal etwas Gutes tun und Ihr Leben mit „Anti-Burnout-Goodies", die vor allem Spaß, Lebensvergnügen und Quatsch enthalten, versüßen.

Gerade der Spaß und das Vergnügen kommen in unserer verkopften Welt viel zu kurz. Der Lachfaktor spielt aber eine bedeutende Rolle für die Gesundheit. Daher ist es wichtig, dass Sie zwischendurch mal wieder von Herzen lachen. Obwohl Lachen ansteckend ist, reduziert es die Stresshormone und das Schmerzempfinden und stärkt das Immunsystem. Ferner wird der Atemrhythmus normalisiert, die Lungenkapazität optimiert und der koronarprotektive Sauerstoffspiegel im Blut erhöht.

Humor hilft heilen: Wer häufig und gern lacht, wird schneller gesund.

Wer sich nicht zu ernst nimmt und auch über sich selbst lachen kann, ist außerdem gelassener. Auch geht einem die Arbeit viel leichter von der Hand, wenn sie wirklich Spaß macht. Mit einer spielerischen Art können Sie sich voll auf das Leben einlassen.

Lachmuskel-Tipp

„Quatsch machen" belebt die Sinne, bereitet Lebensvergnügen, fördert die Lachmuskeln und dient der Gesundheit. Gerade in anstrengenden Meetings bringt eine Portion Quatsch oft Leichtigkeit, die helfen kann, so manches Problem leichter zu lösen.

Warum Alkohol, Medikamente und Drogen keine Lösung sind

Druck im Projekt, Hektik im Job, Streit mit dem Partner, Unsicherheit, wie es weitergeht, und dann auch noch Stress mit Kollegen – manche erhoffen sich von Tabletten schnelle Linderung. Doch was mit der harmlosen Tablette gegen Kopfschmerzen, Schlafstörungen und Gemütsschwankungen anfängt, kann in einer Sucht enden, aus der Betroffene nur schwer wieder herausfinden.

Durch ein Davonlaufen vor der Wirklichkeit oder „Runterspülen" von Problemen ändern wir nichts – im Gegenteil: Wir fixieren die bestehenden Verhältnisse.

> Erhöhter Alkoholkonsum und Drogen torpedieren die Lebenskraft und die eigene Wertschöpfung.

Tipp zu Alkohol, Medikamenten und Drogen

Weniger ist mehr. Reduzieren Sie Ihren Alkoholkonsum, verzichten Sie auf Drogen und nehmen Sie nur Medikamente ein, wenn diese dringend indiziert sind.

Ändern Sie Ihre Gewohnheiten: Gönnen Sie sich statt der abendlichen Flasche Bier oder Wein einen köstlichen Saft oder einen leckeren Tee.

Auf den Punkt gebracht:

- Die Gesundheit ist unser wichtigstes Gut.

- Sorgen Sie für frische Luft, ausreichenden und regelmäßigen Schlaf, ausreichende Pausen und genügend Entspannung.

- Gönnen Sie sich eine gute und gesunde, vitaminreiche Ernährung und lassen Sie die Sonne in Ihr Herz.

- Halten Sie Ihren Körper fit – Bewegung hilft gegen das Einrosten nicht nur der Knochen.

- Verwöhnen Sie sich mit Dingen, die Ihnen Spaß bereiten. Machen Sie Quatsch, lachen Sie aus vollem Herzen und nehmen Sie nicht alles zu ernst.

- Mit einer spielerischen Art können Sie sich voll auf das Leben einlassen.

- Seien Sie liebevoll zu sich selbst.

- Der Anspannung muss Entspannung folgen. Entspannen Sie sich mehrmals täglich 20 bis 30 Sekunden – das hilft und macht Spaß.

6 Burnout-Impact-Protection-System

Zwölf auf einen Streich

Zum Schluss, der eigentlich ein neuer Anfang ist, möchte ich Ihnen das Burnout-Impact-Protection-System – kurz BIPS genannt – vorstellen. Es handelt sich um **zwölf Stufen zur Förderung der Gesundheit, Achtsamkeit und Gelassenheit** im täglichen Sein, um so dem Burnout-Syndrom effektiv vorbeugen zu können.

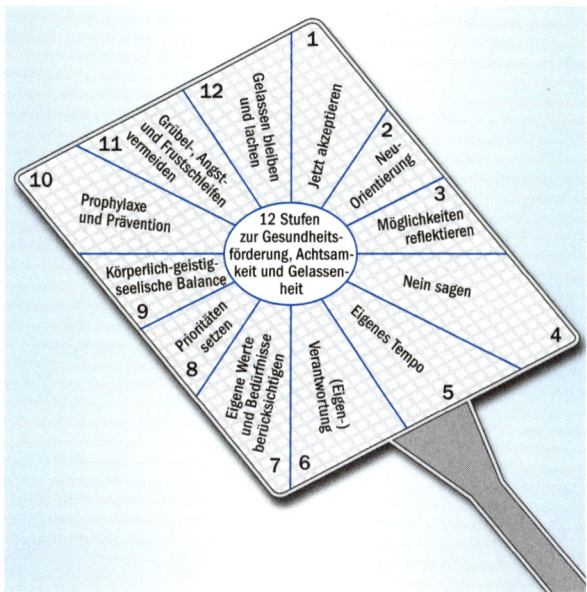

„Zwölf auf einen Streich"-Vorschläge des Burnout-Impact-Protection-Systems:

1. Akzeptieren Sie das Jetzt. „Es ist, wie es ist." Treten Sie die Kupplung des Alltagsarbeitsmotors und gönnen Sie sich eine Auszeit und Abstand. Checken Sie, wie stark Sie Burn-out-gefährdet sind: Lernen Sie, Ihren eigenen Körper zu verstehen. Hören Sie genau zu – „Listen to your heart" oder „Read the signs". Nehmen Sie körperliche Schmerzen ernst und hören Sie auf, den Zustand zu verleugnen. Tabletten sind keine Lösung.

2. Schaffen Sie eine Neu-Orientierung und Be-SINN-ung über Ihre Persönlichkeit und über die eigenen Ziele, Werte und Visionen.

3. Reflektieren Sie die Möglichkeiten im Umgang mit Belastungen, persönlichen Erwartungen und Burnout – am besten nicht allein. Vermeiden Sie Isolation und suchen Sie geeignete Gesprächspartner.

4. Lernen Sie, sich selbst an die erste Stelle zu setzen, und vermindern Sie Ihr Überengagement für andere. Lernen Sie konsequent „Nein" zu sagen und relativieren Sie Ihre Ansprüche und Erwartungen.

5. Leben und arbeiten Sie in dem für Sie angemessenen Tempo und in der individuell sinnvollen Zeitqualität und Zeitintensität. Nehmen Sie sich Zeit, seien Sie nicht ungeduldig und setzen Sie sich nicht selbst unter Druck.

6. Seien Sie authentisch und übernehmen Sie proaktiv die (Eigen-)Verantwortung für alles, was Sie tun, und damit für Ihr Leben. Sie sind der Schöpfer Ihres Lebensglücks.

7. Bringen Sie Ihre Entscheidungen mit Ihren inneren Werten, Ihrem Bauchgefühl und Ihren Bedürfnissen überein und überspringen Sie sich selbst nicht.

8. Setzen Sie Prioritäten und organisieren Sie sich, Ihre Lebensumstände und Ihren Alltag durch Planung, Ordnung und Priorisierung nach Wichtigkeit. Verzetteln Sie sich nicht und betrachten Sie das Leben nicht nach dringlichen Feuerwehrlöscharbeiten.

| 9 | Strengen Sie sich nicht so an und vermindern Sie übertriebenen Einsatz. Sorgen Sie für sich selbst und gönnen Sie sich Entspannung und eine gute körperlich-geistig-seelische Balance. |

| 10 | Kämpfen Sie nicht gegen Ihre Belastungen. Prophylaxe und Prävention sind die Bausteine zur Gesundheitsförderung. Gehen Sie liebevoll mit sich selbst, Ihrem Körper und Ihrer Seele um. Meditation, Entspannung, Sport, ausreichend Flüssigkeit, Licht, Vitamine und ausgewogene Ernährung gehören dazu. |

| 11 | Stoppen Sie die Nörgel-, Sorge-, Grübel-, Angst- und Frustschleifen, die Ihr Gehirn blockieren. Kümmern Sie sich lieber um die wirklich wichtigen Dinge. |

| 12 | Bleiben Sie präsent, locker, tolerant und gelassen. Und denken Sie daran: Mit einem Lachen geht alles leichter und einfacher. |

Das Zauberwort heißt: ANFANGEN. Auch lange Wege beginnen mit den ersten Schritten. Oft ist es der innere Schweinehund, der uns nach Dauerstress-bedingter Erschöpfung und Unlust davon abhält, uns jetzt auch noch körperlich zu betätigen. Wenn Sie diesen ersten Schritt in Richtung Ihrer persönlichen Weiterentwicklung machen, haben Sie bereits begonnen. Das Leben ist dazu da, dass wir uns ausprobieren. Fangen Sie leicht an und kommen Sie in Bewegung!

Weiterführende Literatur

Badura, Bernhard: Betriebliches Gesundheitsmanagement: Ziele, Grundlagen, Vorgehensweise. Skolamed-Tagung auf dem Petersberg 2007

Bents, Richard / Blank, Reiner: Typisch Mensch. 2. Auflage, Göttingen 2005

Bergner, Thomas: Burnout bei Ärzten. In: Deutsches Ärzteblatt 2004; 101; A 2232–2234 (Heft 33)

Bräutigam, Walter / Christian, Paul / von Rad, Michael: Psychosomatische Medizin. Stuttgart/New York 1992

Burisch, Matthias: Das Burnout Syndrom – Theorie der inneren Erschöpfung. 3. Auflage, Heidelberg 2006

Buser, Kurt / Kaul-Hecker, Ursula: Medizinische Psychologie, Medizinische Soziologie. 5. Auflage, München 2003

Dahlke, Rüdiger: Krankheit als Symbol. München 2002

Friedrichs, E. / Pfistner, B. / Aldridge, D.: Qigong-Yangsheng-Übungen als Begleittherapie bei Migräne und Spannungskopfschmerz – Ergebnisse einer multizentrischen prospektiven Studie. In: Dt. Zeitschrift für Akupunktur 46, 4/2003, 6–17

Gendlin, Eugene T.: Focusing – Selbsthilfe bei der Lösung persönlicher Probleme. Reinbek 2002.

Hanh, Thich Nhat: Das Wunder der Achtsamkeit. 11. Auflage Berlin 2002

Hüther, Gerald: Bedienungsanleitung für ein menschliches Gehirn. Göttingen 2004

Hüther, Gerald: Biologie der Angst – wie aus Stress Gefühle werden. Göttingen 2002

Koch, Axel / Kühn, Stefan: Ausgepowert? Hilfen bei Burnout, Stress, innerer Kündigung. Offenbach 2000

Letzel, S. / Pinzon, C. Escobar: Burnout-Syndrom aus Sicht der Arbeitsmedizin. In: Dt. Zeitschrift für Akupunktur, Supplement 1, Jena 2005

Leymann, H.: Mobbing – Psychoterror am Arbeitsplatz und wie man sich dagegen wehren kann. Reinbek 1996

Müller-Timmermann, Eckhart: Burnout im Arztberuf – Die Risiken des People Work und Wege zu neuer Arbeitsfreude. In: Dt. Zeitschrift für Akupunktur, Supplement 1, Jena 2005

Ots, Thomas: Das Burnout-Syndrom – Wissenschaftstheoretische Überlegungen West-Ost. In: Dt. Zeitschrift für Akupunktur, Supplement 1, Jena 2005

Prochaska, James O. / Diclemente, Carlo C. / Norcross, John C.: In Search how people change: Applications to addictive behaviors. In: American Psychologist 47, Nr. 9 (1992): 1102–1114

Pschyrembel: Klinisches Wörterbuch. 260. Auflage, Berlin/New York 2006

Scheithauer, Falk / Friedrich, Andreas W. / Rehle, Eva: Die Lebensenergie stärken mit Qi Gong. München 2000

Schröder, Jörg-Peter: Machen Sie doch, was Sie wollen. Offenbach 2003

- ders.: Selbstmanagement. Offenbach 2005

- ders. / Diekow, Siegfried: Wie Sie Projekte zum Erfolg führen. Berlin 2006

- ders.: / Blank, Reiner: Stressmanagement. Mannheim 2011

- ders.: Die Anti-Burnout-Fibel. Berlin 2010

- ders.: Scheitern als Chance. Berlin 2010

Schulz von Thun: Miteinander Reden 2. Reinbek 1992

Tilmann, Klemens: Einführung zur Meditation. Einsiedeln 1981

Uexküll, Thure von: Psychosomatische Medizin. München/Jena 2003

Weiser Cornell, Ann: Focusing – Der Stimme des Körpers folgen. Reinbek 2002

Wilber, Ken: Integrale Psychologie. Arbor, Freiamt 2001

Whitmont, Edward C.: Psyche und Substanz. Burgdorf 1997

Zimbardo, Philip G. / Gerrig, Richard J.: Psychologie. Berlin/Heidelberg/New York 2003

Stichwortverzeichnis